Impressum
Verlag: BABADADA GmbH, Nedderfeld 112 , 22529 Hamburg
Geschäftsführer / Verlagsleitung: Harald Hof
Druck: Books on Demand GmbH, In de Tarpen 42, 22848 Norderstedt

Imprint
Publisher: BABADADA GmbH, Nedderfeld 112 , 22529 Hamburg, Germany
Managing Director / Publishing direction: Harald Hof
Print: Books on Demand GmbH, In de Tarpen 42, 22848 Norderstedt, Germany

# Szkoła
# mokykla

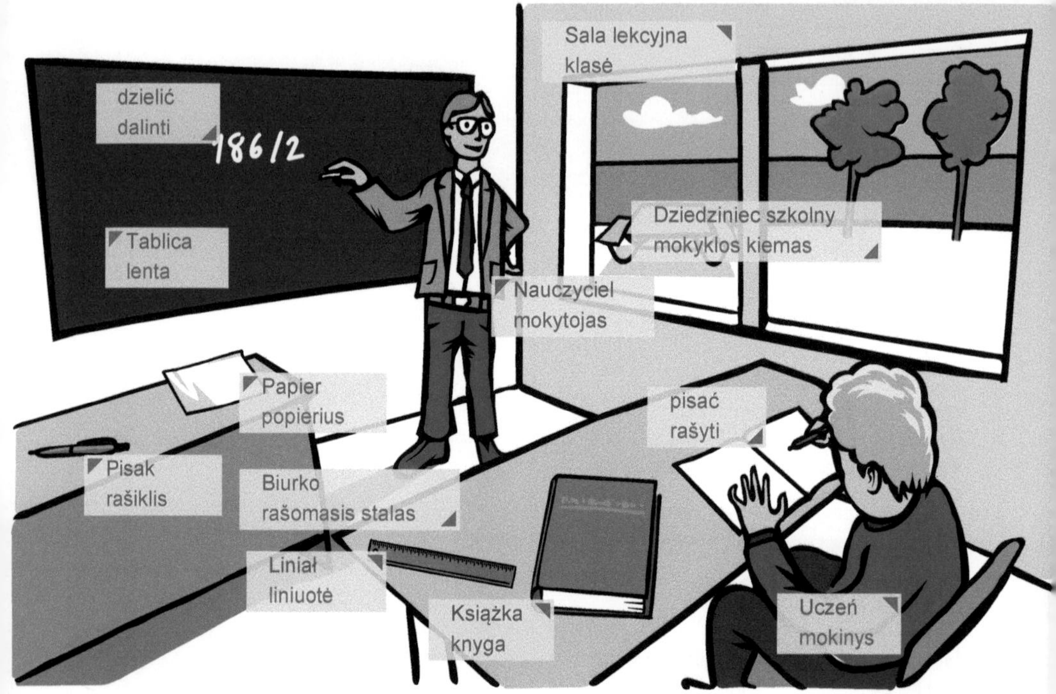

Sala lekcyjna
klasė
dzielić
dalinti
186/2
Tablica
lenta
Dziedziniec szkolny
mokyklos kiemas
Nauczyciel
mokytojas
Papier
popierius
pisać
rašyti
Pisak
rašiklis
Biurko
rašomasis stalas
Liniał
liniuotė
Książka
knyga
Uczeń
mokinys


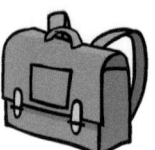

Plecak szkolny

kuprinė

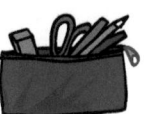

Piórnik

penalas

Ołówek

pieštukas

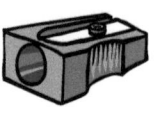

Temperówka

drožtukas

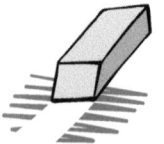

Gumka do mazania

trintukas

Blok rysunkowy

piešimo bloknotas

Rysunek

piešinys

Pędzel

teptukas

Pudełko z akwarelami

dažų dėžutė

Nożyce

žirklės

Klej

klijai

Książka do ćwiczenia

vadovėlis

Zadanie domowe

namų darbai

Liczba

numeris

dodawać

pridėti

odejmować

atimti

mnożyć

dauginti

liczyć

skaičiuoti

Litera

raidė

Alfabet

abėcėlė

hello

Słowo

žodis

Tekst

tekstas

czytać

skaityti

Kreda

kreida

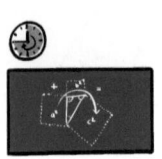

Godzina

pamoka

Dziennik lekcyjny

dienynas

Egzamin

egzaminas

Świadectwo

pažymėjimas

Mundurek szkolny

mokyklinė uniforma

Wykształcenie

išsilavinimas

Leksykon

enciklopedija

Uniwersytet

universitetas

Mikroskop

mikroskopas

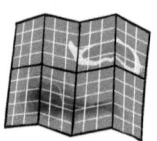

Mapa

žemėlapis

Kosz na odpadki

šiukšliadėžė

# Podróż
# kelionė

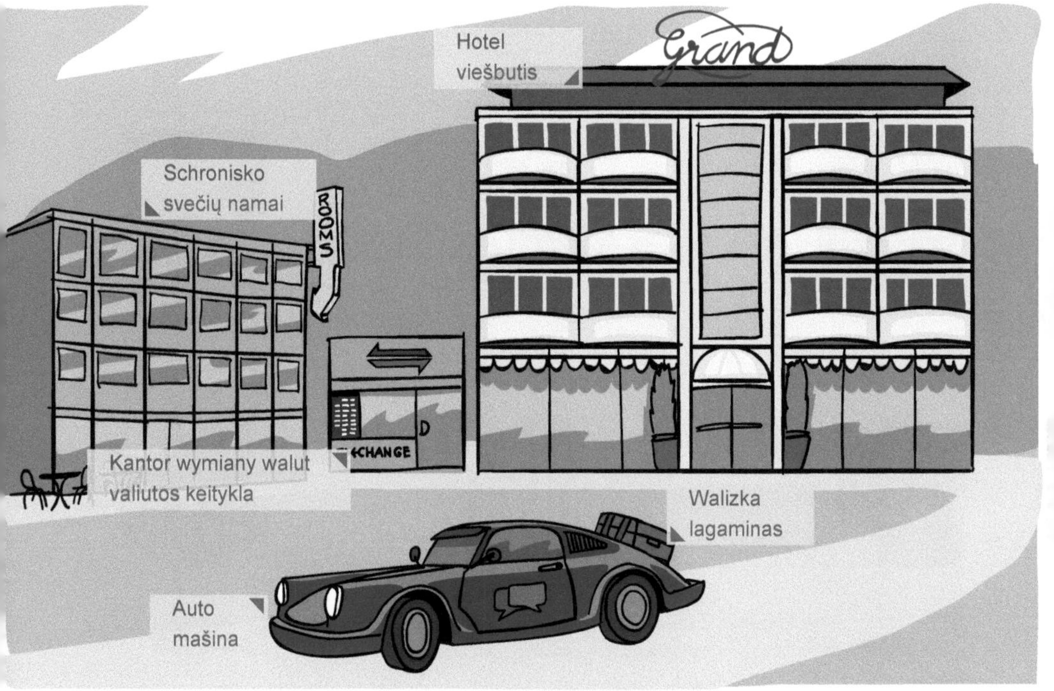
Hotel
viešbutis
Grand
Schronisko
svečių namai
ROOMS
Kantor wymiany walut
valiutos keitykla
CHANGE
Walizka
lagaminas
Auto
mašina

Język
kalba

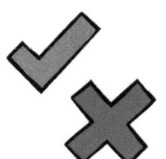

tak / nie
taip / ne

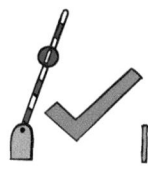

OK
Gerai

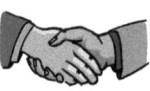

Halo
sveiki

Tłumacz
vertėjas raštu

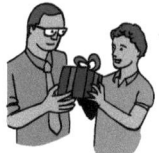

Dziękuję
Ačiū

Ile kosztuje ...?

kiek kainuoja...?

Nie rozumiem

aš nesuprantu

Problem

problema

Dobry wieczór!

Labas vakaras!

Dzień dobry!

Labas rytas!

Dobranoc!

Labos nakties!

Do widzenia

viso gero

Kierunek

kryptis

Bagaż

bagažas

Torba

krepšys

Plecak

kuprinė

Gość

svečias

Pokój

kambarys

Śpiwór

miegmaišis

Namiot

palapinė

Informacja turystyczna

turizmo informacija

Plaża

paplūdimys

Karta kredytowa

kreditinė kortelė

Śniadanie

pusryčiai

Obiad

pietūs

Kolacja

vakarienė

Bilet

bilietas

Winda

liftas

Znaczek na list

pašto ženklas

Granica

siena

Cło

muitinė

Ambasada

ambasada

Wiza

viza

Paszport

pasas

# Transport
## transportas

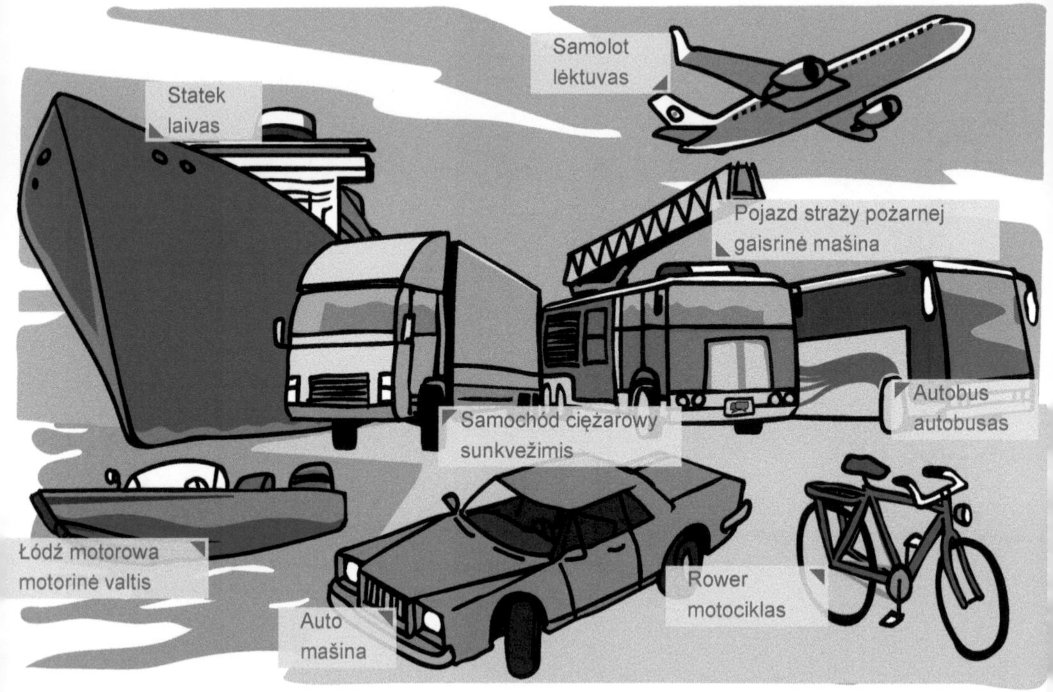
Samolot
lėktuvas
Statek
laivas
Pojazd straży pożarnej
gaisrinė mašina
Autobus
autobusas
Samochód ciężarowy
sunkvežimis
Łódź motorowa
motorinė valtis
Rower
motociklas
Auto
mašina

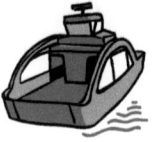

Prom

keltas

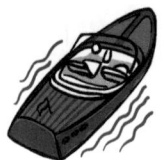

Łódź

valtis

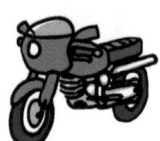

Motocykl

mopedas

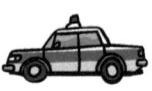

Radiowóz policyjny

policijos automobilis

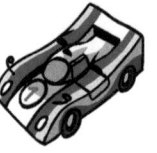

Samochód wyścigowy

lenktyninis automobilis

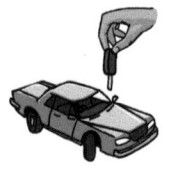

Samochód wypożyczony

nuomojamas automobilis

Wspólne przejazdy
samochodem
bendras automobilio
naudojimas

Samochód pomocy
drogowej
techninės pagalbos
automobilis

Śmieciarka

šiukšliavežė

Silnik

variklis

Benzyna

degalai

Stacja benzynowa

degalinė

Znak drogowy

kelio ženklas

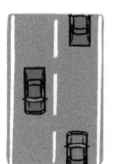

Ruch

eismas

Korek

eismo spūstis

Parking

mašinų stovėjimo aikštelė

Dworzec

traukinių stotis

Szyny

bėgiai

Pociąg

traukinys

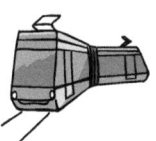

Tramwaj

tramvajus

Wagon

vagonas

Helikopter

sraigtasparnis

Lotnisko

oro uostas

Wieża

bokštas

Pasażer

keleivis

Kontener

konteineris

Karton

dėžė

Taczka

vežimėlis

Kosz

krepšys

startować / lądować

pakilti / nusileisti

## Miasto
## miestas

Wieś

kaimas

Centrum miasta

miesto centras

Dom

namas

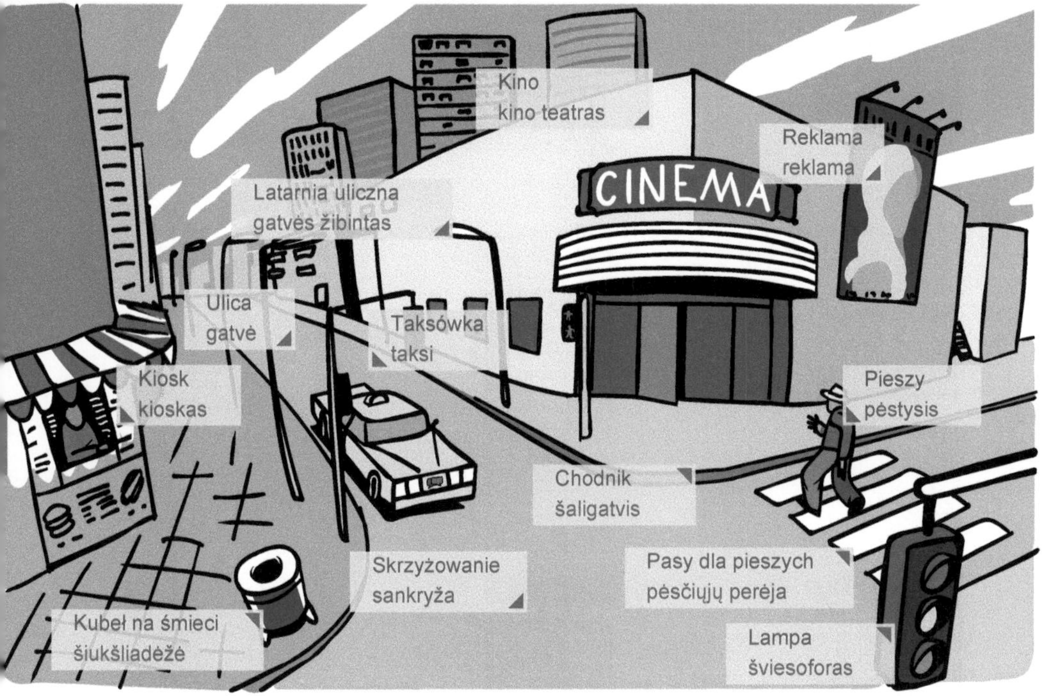

CINEMA

Kino / kino teatras

Reklama / reklama

Latarnia uliczna / gatvės žibintas

Ulica / gatvė

Taksówka / taksi

Pieszy / pėstysis

Kiosk / kioskas

Chodnik / šaligatvis

Skrzyżowanie / sankryža

Pasy dla pieszych / pėsčiųjų perėja

Kubeł na śmieci / šiukšliadėžė

Lampa / šviesoforas

Chata
trobelė

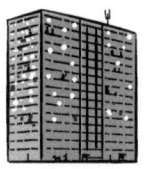

Mieszkanie
butas

Dworzec
traukinių stotis

Ratusz
rotušė

Muzeum
muziejus

Szkoła
mokykla

Uniwersytet

universitetas

Bank

bankas

Szpital

ligoninė

Hotel

viešbutis

Apteka

vaistinė

Biuro

biuras

Księgarnia

knygynas

Sklep

parduotuvė

Kwiaciarnia

gėlių parduotuvė

Supermarket

prekybos centras

Rynek

turgus

Dom towarowy

universalinė parduotuvė

Sklep z rybami

žuvies parduotuvė

Centrum handlowe

prekybos centras

Port

uostas

Park

parkas

Ławka

suoliukas

Most

tiltas

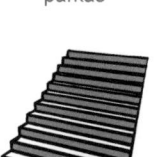

Schody

laiptai

Metro

metro

Tunel

tunelis

Przystanek autobusowy

autobusų stotelė

Bar

baras

Restauracja

restoranas

Skrzynka na listy

lauko pašto dėžutė

Tabliczka z nazwą ulicy

kelio ženklas

Parkometr

parkomatas

Zoo

zoologijos sodas

Łaźnia

baseinas

Meczet

mečetė

Gospodarstwo chłopskie

ūkininko ūkis

Zanieczyszczenie środowiska

tarša

Cmentarz

kapinės

Kościół

bažnyčia

Plac zabaw

žaidimų aikštelė

Świątynia

šventykla

# Krajobraz
## kraštovaizdis

Liść
lapas

Drogowskaz
kelio rodyklė

Droga
kelias

Łąka
pieva

Kamień
akmuo

Drzewo
medis

Wędrowiec
ėjikas

Rzeka
upė

Trawa
žolė

Kwiat
gėlė

Dolina

slėnis

Góra

kalva

Jezioro

ežeras

Las

miškas

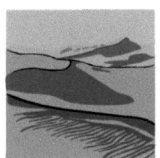

Pustynia

dykuma

Wulkan

ugnikalnis

Zamek

pilis

Tęcza

vaivorykštė

Grzyb

grybas

Palma

palmė

Komar

uodas

Mucha

musė

Mrówka

skruzdėlė

Pszczoła

bitė

Pająk

voras

Chrząszcz

vabalas

Żaba

varlė

Wiewiórka

voverė

Jeż

ežys

Zając

kiškis

Sowa

pelėda

Ptak

paukštis

Łabędź

gulbė

Dzik

šernas

Jeleń

elnias

Łoś

briedis

Tama

užtvanka

Wiatrak

vėjo jėgainė

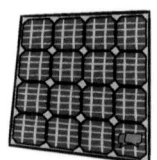

Moduł solarny

saulės baterija

Klimat

klimatas

# Restauracja
## restoranas

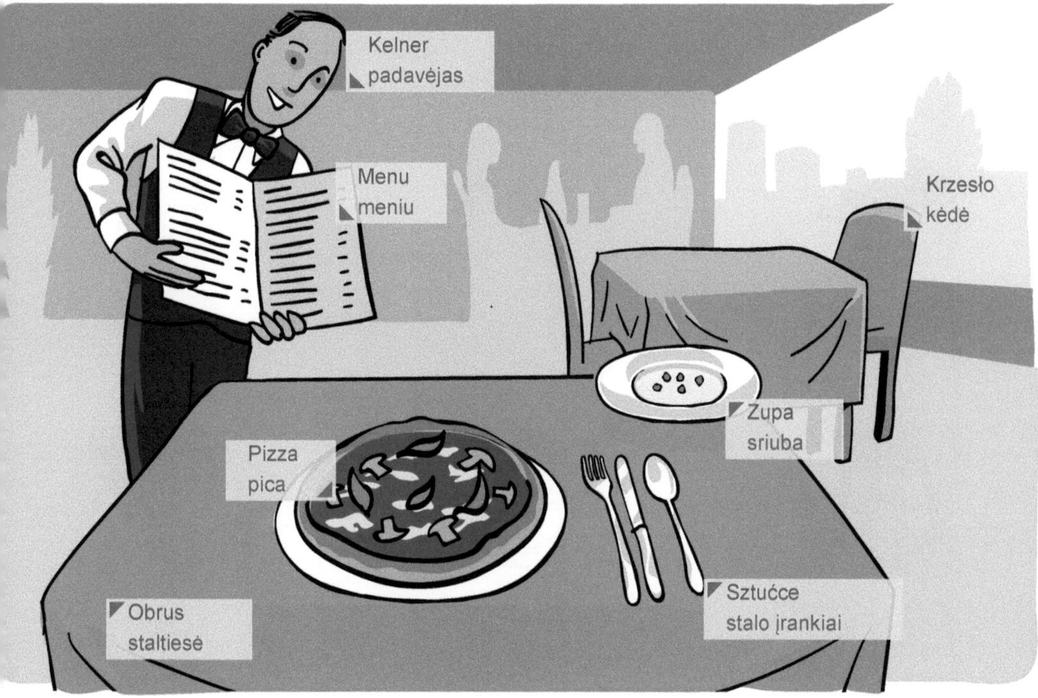

Kelner
padavėjas
Menu
meniu
Krzesło
kėdė
Zupa
sriuba
Pizza
pica
Obrus
staltiesė
Sztućce
stalo įrankiai


Przystawka

užkandis

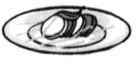

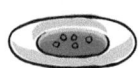

Danie główne

pagrindinis patiekalas

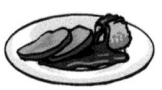

Deser

desertas

Napoje

gėrimai

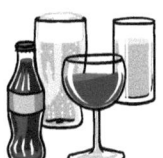

Jedzenie

maistas

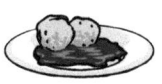

Butelka

butelis

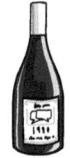

Fastfood

greitai pateikiamas maistas

Streetfood

gatvės maistas

Dzbanek na herbatę

arbatinukas

Cukierniczka

cukrinė

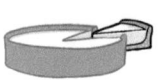

Porcja

porcija

Zaparzarka do espresso

espreso aparatas

Krzesło dla dziecka

aukšta kėdė

Rachunek

sąskaita

Taca

padėklas

Noż

pellls

Widelec

šakutė

Łyżka

šaukštas

Łyżeczka

arbatinis šaukštelis

Serwetka

servetėlė

Szklanka

stiklinė

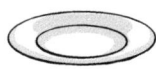

Talerz
lėkštė

Talerz do zupy
sriubos lėkštė

Podstawek pod filiżankę
padėklas

Sos
padažas

Solniczka
druskinė

Młynek do pieprzu
pipirų malūnėlis

Ocet
actas

Olej
aliejus

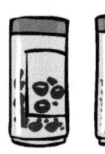

Przyprawy
prieskoniai

Keczup
kečupas

Musztarda
garstyčios

Majonez
majonezas

# Supermarket

## prekybos centras

Oferta
specialus pasiūlymas
FOR
Klient
pirkėjas
Produkty mleczne
pieno produktai
Owoce
vaisiai
Wózek sklepowy
troleibusas


BUTCHERS


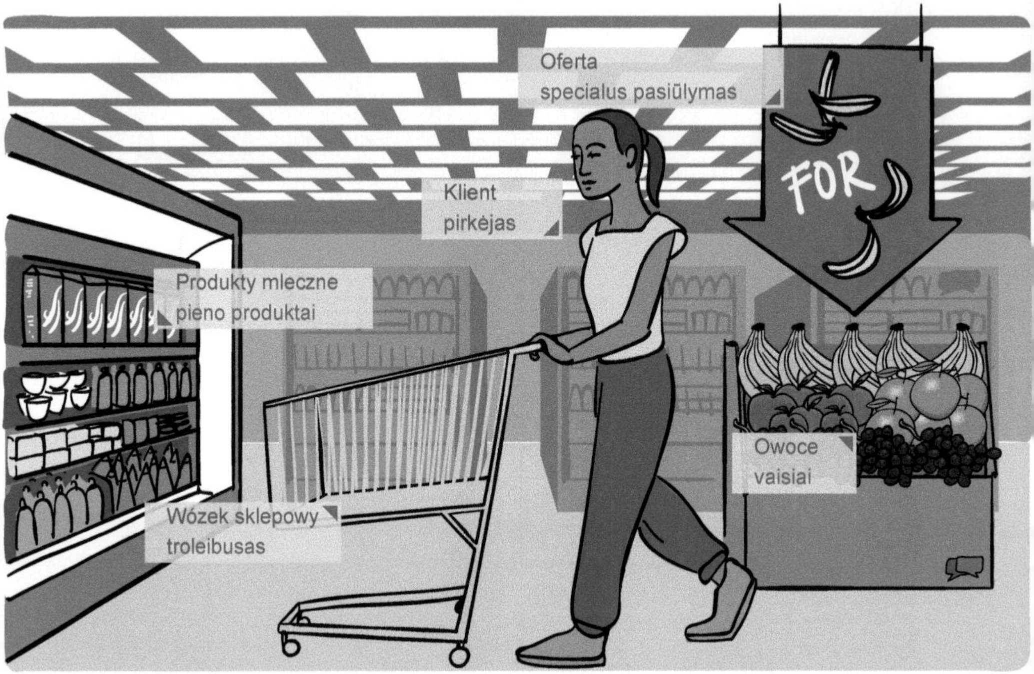

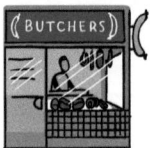

Rzeźnia

mėsos parduotuvė

BAKERY


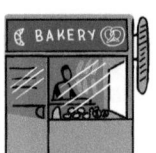

Piekarnia

kepykla

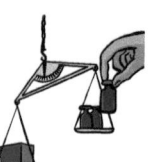

ważyć

sverti

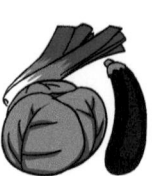

Warzywa

daržovės

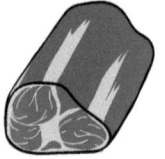

Mięso

mėsa

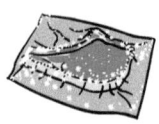

Mrożonki

šaldytas maistas

**Wędliny**

šalti mėsos užkandžiai

**Konserwy**

konservai

**Proszek m do prania**

skalbimo milteliai

**Słodycze**

saldumynai

**Artykuły użytku domowego**

ūkinės prekės

**Środek czyszczący**

valymo priemonės

**Sprzedawczyni**

pardavėja

**Kasa**

kasos aparatas

**Kasjer**

kasininkas

**Lista zakupów**

pirkinių sąrašas

**Godziny otwarcia**

darbo valandos

**Portfel**

piniginė

**Karta kredytowa**

kreditinė kortelė

**Torba**

maišelis

**Torebka plastikowa**

plastikinis maišelis

**Woda**

vanduo

**Sok**

sultys

**Mleko**

pienas

**Cola**

kola

**Wino**

vynas

**Piwo**

alus

**Alkohol**

alkoholis

**Kakao**

kakava

**Herbata**

arbata

**Kawa**

kava

**Espresso**

espresas

**Cappuccino**

kapučinas

Banan

bananas

Jabłko

obuolys

Pomarańcza

apelsinas

Arbuz

arbūzas

Cytryna

citrina

Marchew

morka

Czosnek

česnakas

Bambus

bambukas

Cebula

svogūnas

Grzyb

grybas

Orzechy

riešutai

Makaron

makaronai

Spaghetti

spagečiai

Ryż

ryžiai

Sałatka

salotos

Frytki

traškučiai

Ziemniaki pieczone

keptos bulvės

Pizza

pica

Hamburger

mėsainis

Kanapka

sumuštinis

Sznycel

pjausnys

Szynka

kumpis

Salami

saliamis

Kiełbasa

dešrelė

Kura

vištiena

Pieczeń

kepsnys

Ryba

žuvis

Płatki owsiane

avižų dribsniai

Musli

dribsniai su priedais

Płatki kukurydziane

kukurūzų dribsniai

Mąka

miltai

Croissant

prancūziškasis ragelis

Bułka

bandelė

Chleb

duona

Toast

skrebutis

Ciastka

sausainiai

Masło

sviestas

Twarożek

varškė

Ciasto

tortas

Jajko

kiaušinis

Jajko sadzone

kiaušinienė

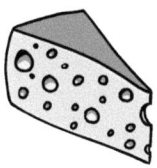

Ser

sūris

Lody

ledai

Cukier

cukrus

Miód

medus

Marmolada

uogienė

Krem nugatowy

tepamas šokoladas

Curry

karis

# Gospodarstwo chłopskie
## ūkininko ūkis

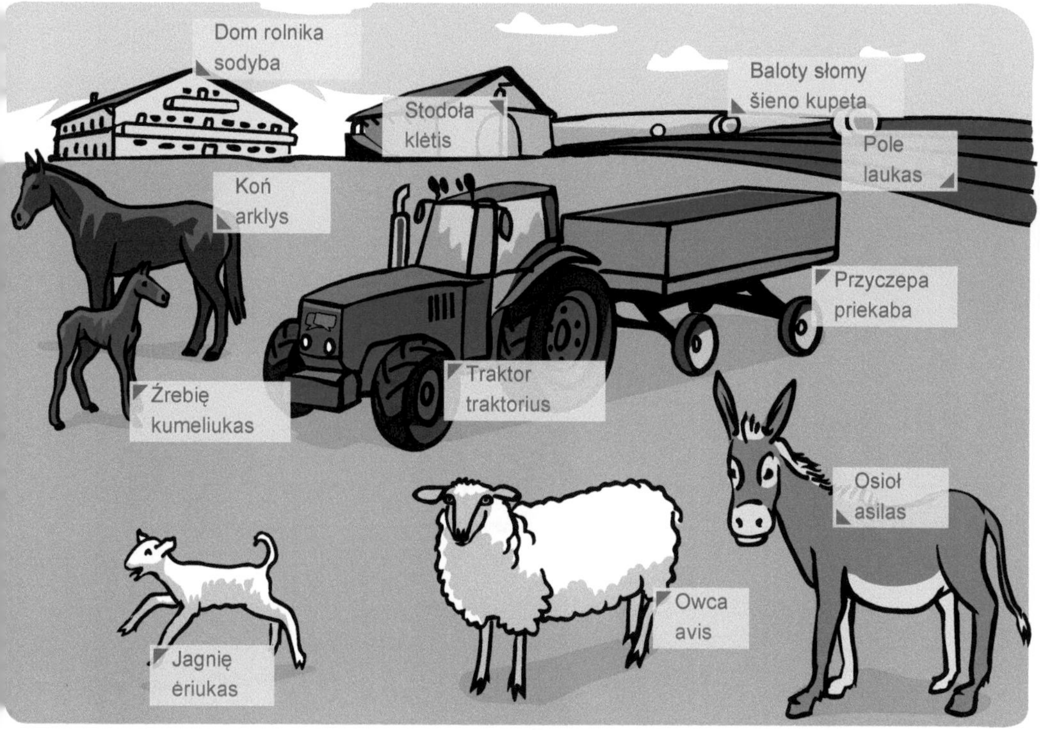
Dom rolnika
sodyba
Stodoła
klėtis
Baloty słomy
šieno kupeta
Pole
laukas
Koń
arklys
Przyczepa
priekaba
Traktor
traktorius
Źrebię
kumeliukas
Osioł
asilas
Owca
avis
Jagnię
ėriukas

Koza
ożys

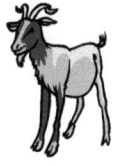

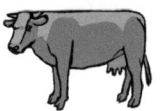

Krowa
karvė

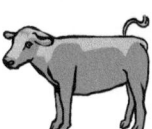

Cielę
veršis

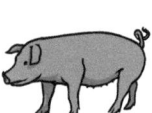

Świnia
kiaulė

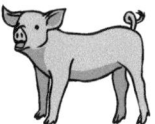

Prosię
paršelis

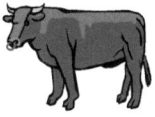

Byk
bulius

Gęś

żąsis

Kaczka

antis

Kurczątko

viščiukas

Kura

višta

Kogut

gaidys

Szczur

žiurkė

Kot

katė

Mysz

pelė

Osioł

jautis

Pies

šuo

Buda dla psa

šuns būda

Wąż ogrodowy

sodo namas

Konewka

laistytuvas

Kosa

dalgis

Pług

plūgas

Sierp

pjautuvas

Graca

kauptukas

Widły

šakės

Siekiera

kirvis

Taczka

statinė

Koryto

lovys

Kanka na mleko

bidonas

Worek

maišas

Płot

tvora

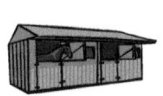

Stajnia

arklidė

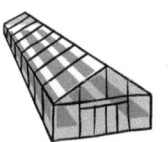

Szklarnia

šiltnamis

Ziemia

dirva

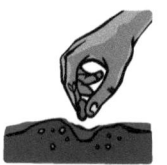

Nasiona

sėkla

Nawóz

trąšos

Kombajn zbożowy

kombainas

zbierać

rinkti

Żniwa

derlius

Podchrzyn

saldžiosios bulvės

Pszenica

kviečiai

Soja

soja

Ziemniak

bulvė

Kukurydza

kukurūzai

Rzepak

rapsai

Drzewo owocowe

vaismedis

Maniok

manijokas

Zboże

grūdal

# Dom
# namas

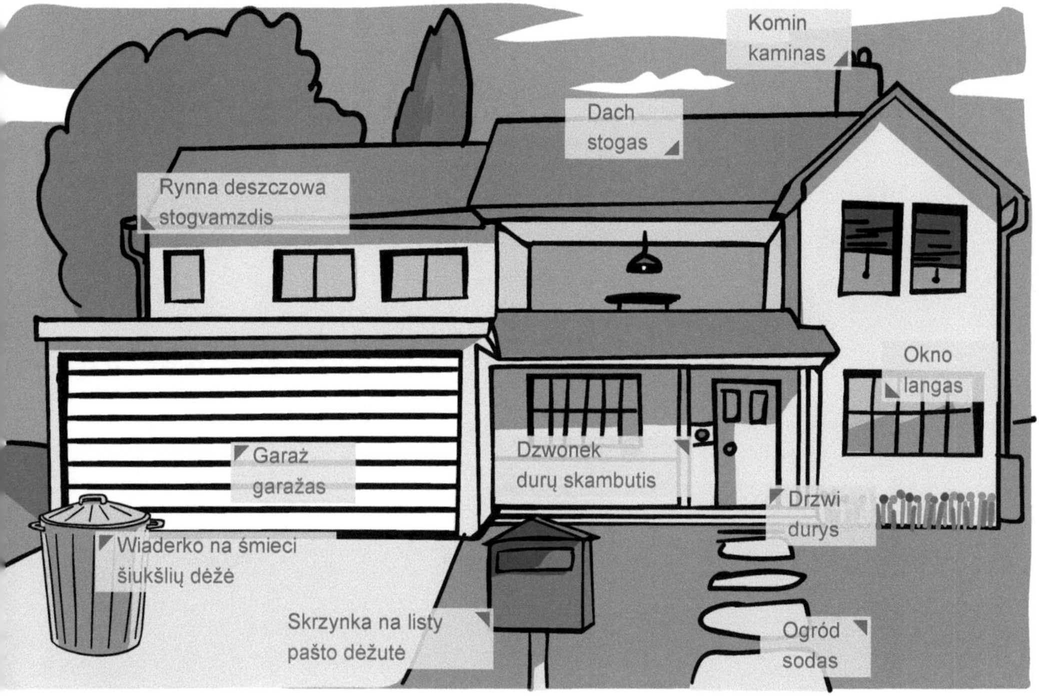

Komin
kaminas
Dach
stogas
Rynna deszczowa
stogvamzdis
Okno
langas
Garaż
garažas
Dzwonek
durų skambutis
Drzwi
durys
Wiaderko na śmieci
šiukšlių dėžė
Skrzynka na listy
pašto dėžutė
Ogród
sodas


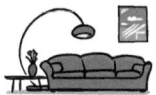

Pokój dzienny
svetainė

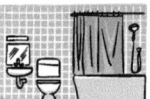

Łazienka
vonios kambarys

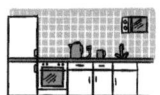

Kuchnia
virtuvė

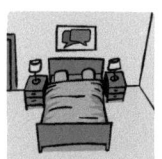

Sypialnia
miegamasis

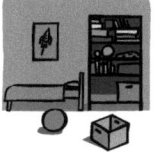

Pokój dziecięcy
vaiko kambarys

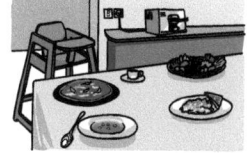

Jadalnia
valgomasis

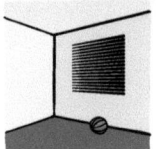

Ziemia

grindys

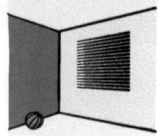

Ściana

siena

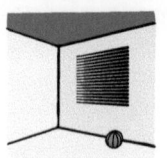

Koc

lubos

Piwnica

rūsys

Sauna

sauna

Balkon

balkonas

Taras

terasa

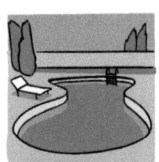

Basen

baseinas

Kosiarka do trawy

žoliapjovė

Poszwa

paklodė

Kołdra

lovatlesė

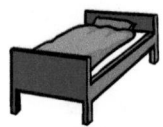

Łóżko

lova

Miotła

šluota

Wiadro

kibiras

Włącznik

jungiklis

# Pokój dzienny
## svetainė

Tapeta
tapetai
Obraz
nuotrauka
Lampa
šviestuvas
Regał
lentyna
Szafa
spintelė
Telewizor
televizorius
Komin
židinys
Kwiat
gėlė
Poduszka
pagalvėlė
Kanapa
sofa
Wazon
vaza
Pilot
nuotolinio valdymo pultelis


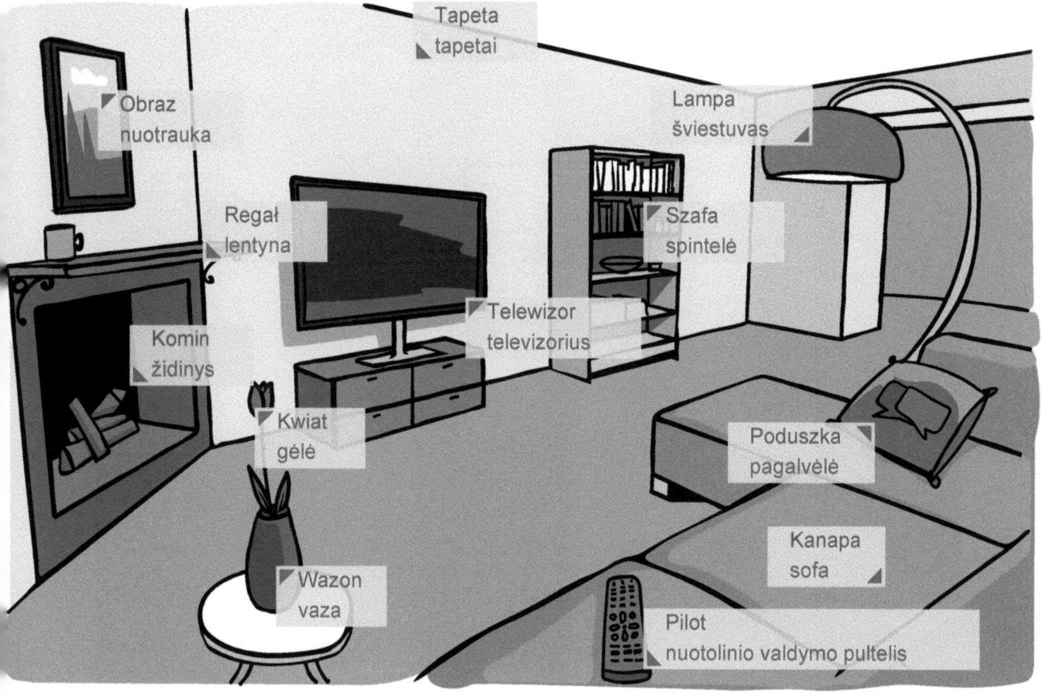

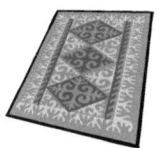

Dywan
kilimas

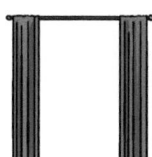

Zasłona
užuolaida

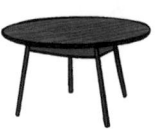

Stół
stalas

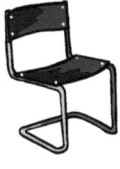

Krzesło
kėdė

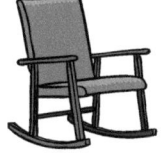

Bujak
supamasis krėslas

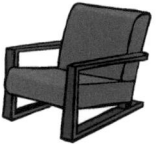

Fotel
fotelis

Książka
knyga

Sufit
antklodė

Dekoracja
papuošimai

Drewno kominkowe
malkos

Film
filmas

Instalacja stereo
stereo aparatūra

Klucz
raktas

Gazeta
laikraštis

Malunek
paveikslas

Plakat
plakatas

Radio
radijas

Notatnik
užrašų knygelė

Odkurzacz
dulkių siurblys

Kaktus
kaktusas

Świeczka
žvakė

# Kuchnia
## virtuvė

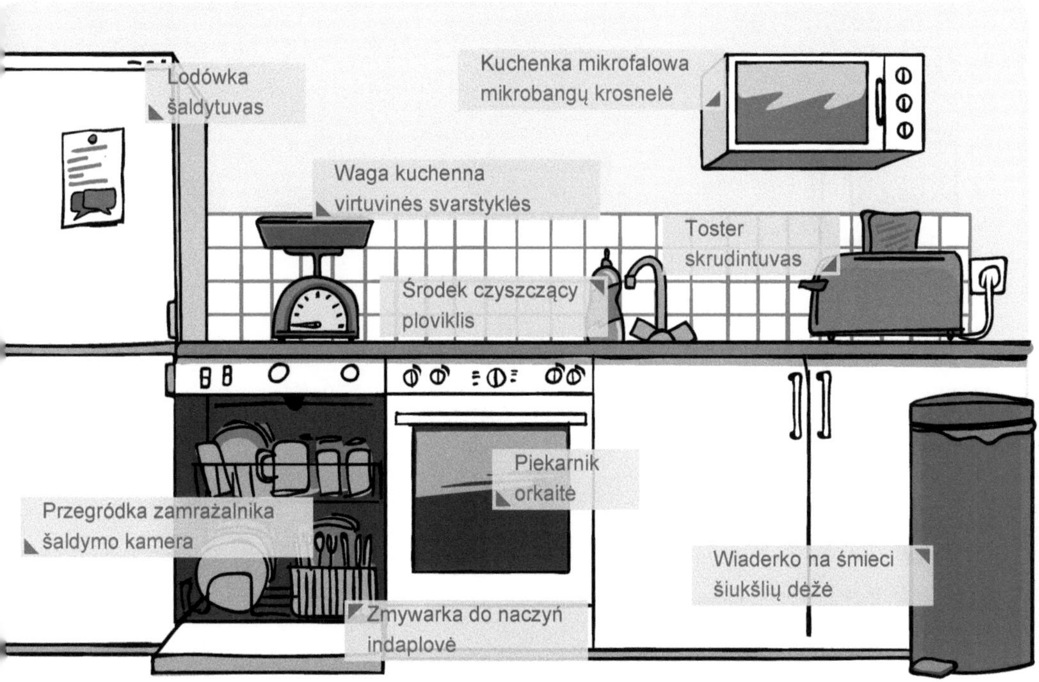

Lodówka
šaldytuvas
Kuchenka mikrofalowa
mikrobangų krosnelė
Waga kuchenna
virtuvinės svarstyklės
Toster
skrudintuvas
Środek czyszczący
ploviklis
Piekarnik
orkaitė
Przegródka zamrażalnika
šaldymo kamera
Wiaderko na śmieci
šiukšlių dėžė
Zmywarka do naczyń
indaplovė


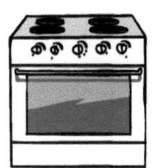

Kuchenka

viryklė

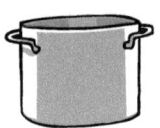

Garnek

puodas

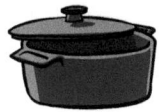

Kocioł żeliwny

ketaus puodas

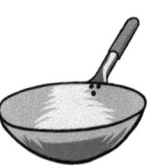

Wok / Kadai

„wok“ keptuvė

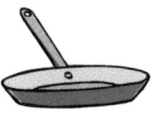

Patelnia

keptuvė

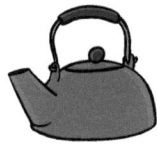

Czajnik

virdulys

Parowar

garų puodas

Blacha do pieczenia

kepimo skarda

Naczynia kuchenne

porceliano indai

Kubek

puodelis

Miska

dubuo

Pałeczki

valgomosios lazdelės

Nabierka

samtis

Łopatka do smażenia

mentelė

Trzepaczka do śmietany

plaktuvas

Cedzak

koštuvas

Sitko

sietas

Tarka

trintuvė

Moździerz

grūstuvė

Grillowanie

kepsninė

Palenisko

atvira liepsna

Deska

pjaustymo lentelė

Wałek do ciasta

kočėlas

Korkociąg

kamščiatraukis

Puszka

skardinė

Otwieracz do puszek

skardinių atidarytuvas

Ściereczka do trzymania garnka

puodkėlė

Umywalka

kriauklė

Szczotka

šepetys

Gąbka

kempinė

Mikser

trintuvas

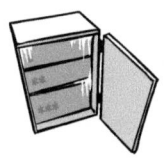

Zamrażarka

šaldiklis

Butelka dla niemowlęcia

kūdikių buteliukas

Kran

čiaupas

# Łazienka

## vonios kambarys

Ogrzewanie
šildymas
Ręcznik
rankšluostis
Prysznic
dušas
Kotara prysznicowa
dušo užuolaidos
Płyn do kąpieli
vonios putos
Wanna kąpielowa
vonia
Szklanka
stiklinė
Pralka
skalbimo mašina
Kran
čiaupas
Kafelki
plytelės
Nocnik
naktinis puodukas
Umywalka
kriauklė

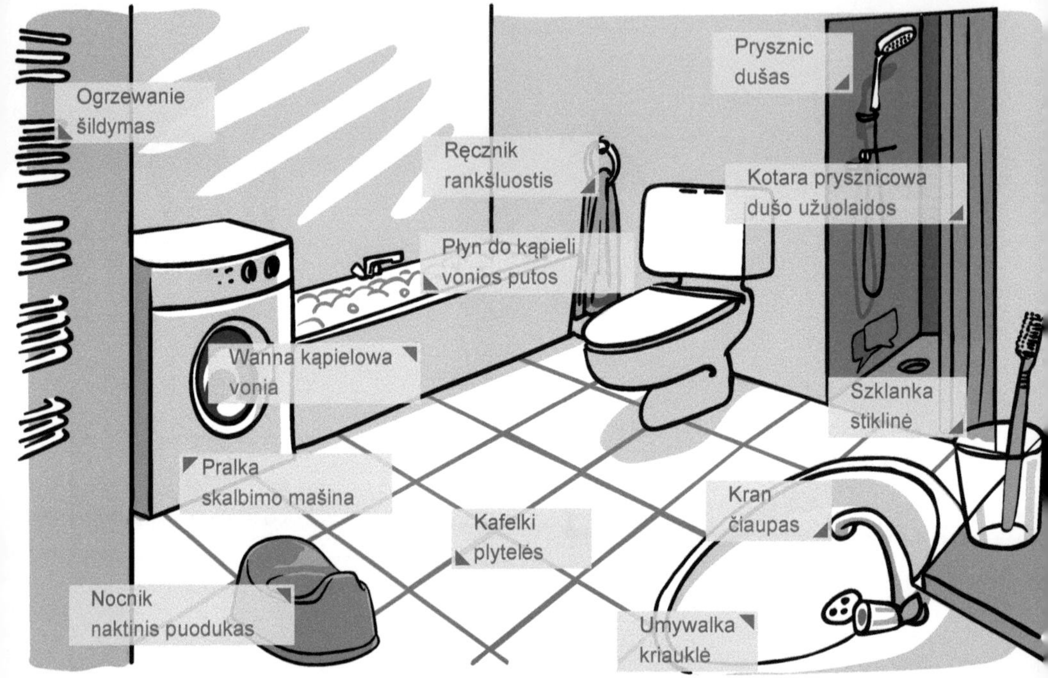

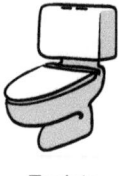

Toaleta

unitazas

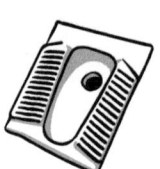

Toaleta kuczna

tupimasis unitazas

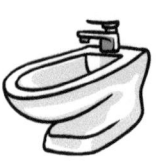

Bidet

bidė

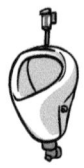

Pisuar

pisuaras

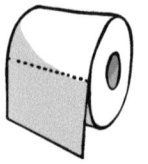

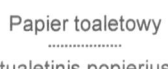

Papier toaletowy

tualetinis popierius

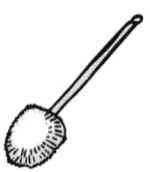

Szczotka toaletowa

unitazo šepetys

Szczoteczka do zębów

dantų šepetėlis

Pasta do zębów

dantų pasta

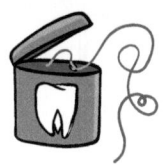

Nitki do czyszczenia zębów

dantų siūlas

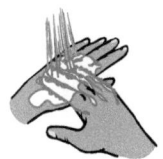

myć

plauti

Głowica prysznicowa

dušo galvutė

Płyn kąpielowy do higieny intymnej

higieninis dušas

Miska do mycia

praustuvas

Szczotka kąpielowa

nugaros plaušinė

Mydło

muilas

Żel prysznicowy

dušo želė

Szampon

šampūnas

Rękawica kąpielowa

plaušinė

Odpływ

kanalizacija

Krem

kremas

Dezodorant

dezodorantas

Lustro

veidrodis

Lustro kosmetyczne

veidrodėlis

Golarka

skustuvas

Pianka do golenia

skutimosi putos

Woda po goleniu

losjonas po skutimosi

Grzebień

šukos

Szczotka

šepetys

Suszarka do włosów

plaukų džiovintuvas

Spray do włosów

plaukų lakas

Makijaż

makiažas

Pomadka

lupdažis

Lakier do paznokci

nagų lakas

Wata

vata

Nożyczki do paznokci

žirklutės nagams

Perfum

kvepalai

Kosmetyczka

maišelis skalbiniams

Taboret

taburetė

Waga

svarstyklės

Szlafrok kąpielowy

chalatas

Rękawice gumowe

guminės pirštinės

Tampon

tamponas

Podpaska damska

higieninis įklotas

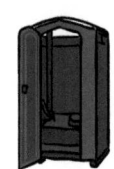

Toaleta chemiczna

biotualetas

# Pokój dziecięcy
# vaiko kambarys

Budzik
žadintuvas
Pluszowa przytulanka
pliušinis žaislas
Samochodzik
žaislinė mašinėlė
Grzechotka
barškutis
Domek dla lalek
lėlės namelis
Prezent
dovana

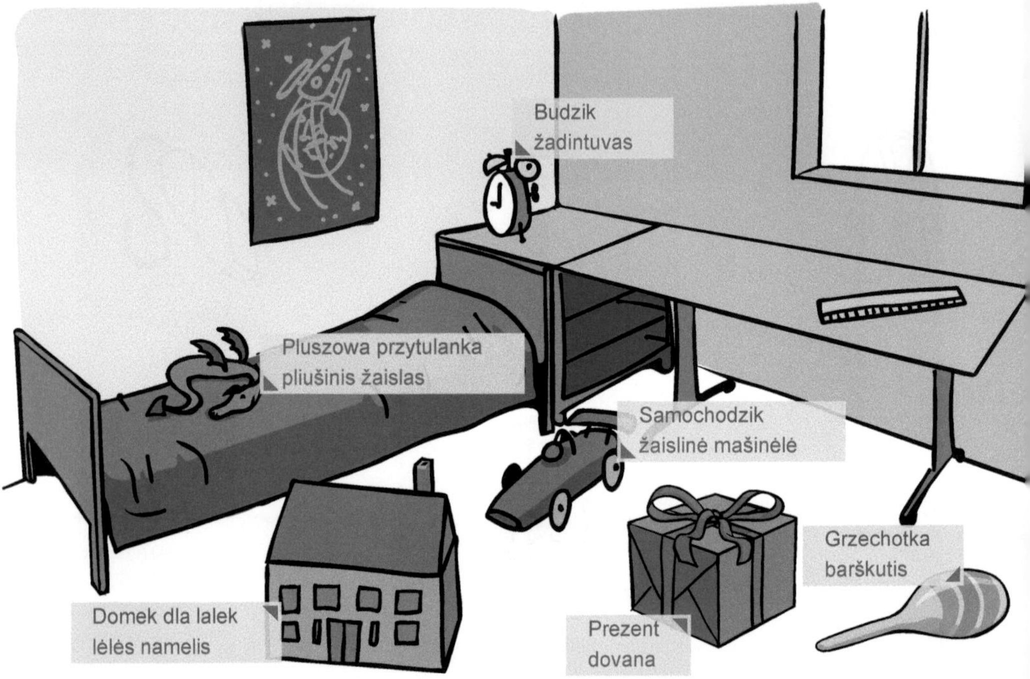

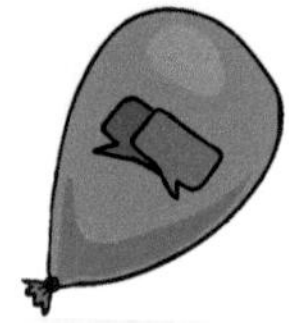

Balon
balionas

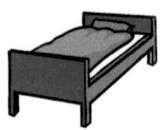

Łóżko
lova

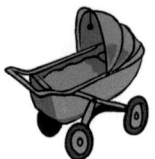

Wózek dziecięcy
vaikiškas vežimėlis

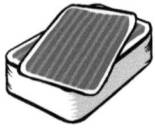

Gra w karty
kortų malka

Puzzle
delionė

SUPER
MEGA

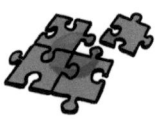

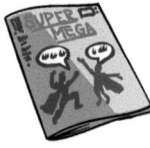

Komiks
komiksai

Klocki lego

lego kaladėlės

Klocki

žaislinės kaladėlės

Action figura

figūrėlė

Śpioszek dziecięcy

šliaužtinukai

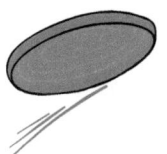

Frisbee

mėtymo lėkštė

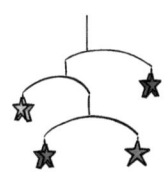

Zabawki ruchome

karuselė

Gra planszowa

stalo žaidimas

Kości

kauliukai

Kolejka elektryczna

žaislinis traukinys

Smoczek

žindukas

Przyjęcie

vakarėlis

Książka z ilustracjami

paveiksliukų knygelė

Piłka

kamuolys

Lalka

lėlė

bawić się

žaisti

Piaskownica

smėlio dėžė

Huśtawka

sūpynės

Zabawki

žaislai

Konsola do gier

žaidimų konsolė

Rowerek trójkołowy

triratukas

Pluszowy miś

meškiukas

Szafa ubraniowa

drabužių spinta

# Ubiór

## drabužis

Skarpety

kojinės

Pończochy

kojinės virš kelių

Rajstopy

pėdkelnės

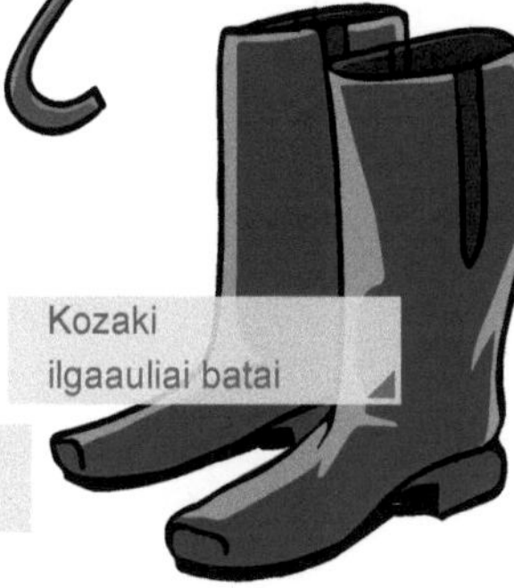

Szal
šalikas

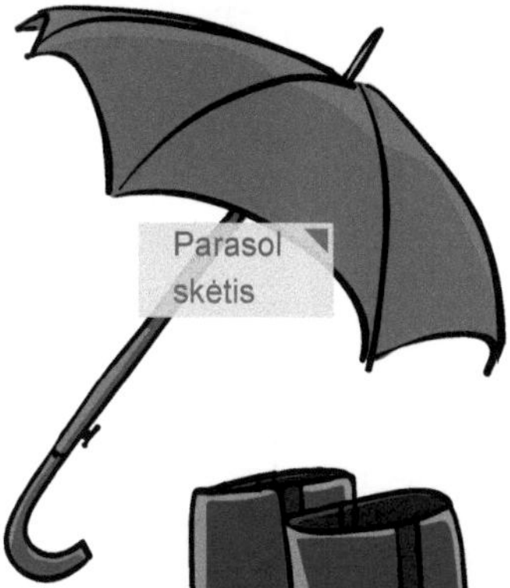

Pasek
dirżas

Parasol
skėtis

T-Shirt
marškinėliai

Obuwie sportowe
sportbačiai

Kozaki
ilgaauliai batai

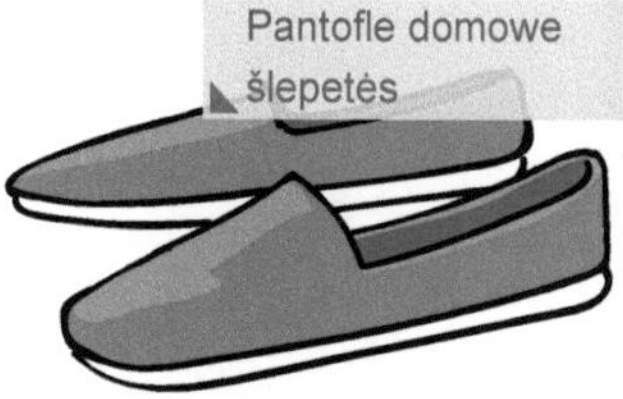

Pantofle domowe
šlepetės

Sandały
·················
sandalai

Buty
·················
batai

Kalosze
·················
guminiai batai

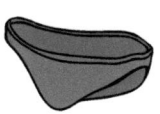

Majtki
·················
trumpikės

Biustonosz
·················
liemenėlė

Podkoszulek
·················
liemenė

**Body**

glaustinukė

**Spodnie**

kelnės

**Dżins**

dżinsai

**Spódnica**

sijonas

**Bluzka**

palaidinė

**Koszula**

marškiniai

**Pulower**

megztinis

**Bluza sportowa**

megztinis su gobtuvu

**Marynarka**

švarkelis

**Kurtka**

švarkas

**Płaszcz**

pallas

**Płaszcz przeciwdeszczowy**

lietpaltis

**Kostium**

kostiumas

**Sukienka**

suknelė

**Suknia ślubna**

vestuvinė suknelė

Garnitur męski

kostiumas

Koszula nocna

naktiniai marškiniai

Piżama

pižama

Sari

saris

Chusta na głowę

skarelė

Turban

tiurbanas

Burka

burka

Kaftan

kaftanas

Abaya

abaja

Strój kąpielowy

maudymosi kostiumėlis

Kąpielówki

glaudės

Krótkie spodnie

šortai

Dres sportowy

sportinis kostiumas

Fartuch

prijuostė

Rękawiczki

pirštinės

Guzik

saga

Okulary

akiniai

Bransoletka

apyrankė

Łańcuszek

vėrinys

Pierścionek

žiedas

Kolczyk

auskaras

Czapka

kepurė

Wieszak

pakabas

Kapelusz

skrybėlė

Krawat

kaklaraištis

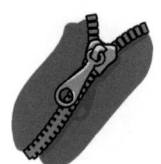

Zamek błyskawiczny

užtrauklukas

Kask

šalmas

Szelki

breketai

Mundurek szkolny

mokyklinė uniforma

Mundur

uniforma

Śliniaczek

seilinukas

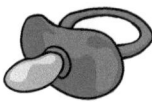

Smoczek

żindukas

Pieluszka

vystyklai

# Biuro
## biuras

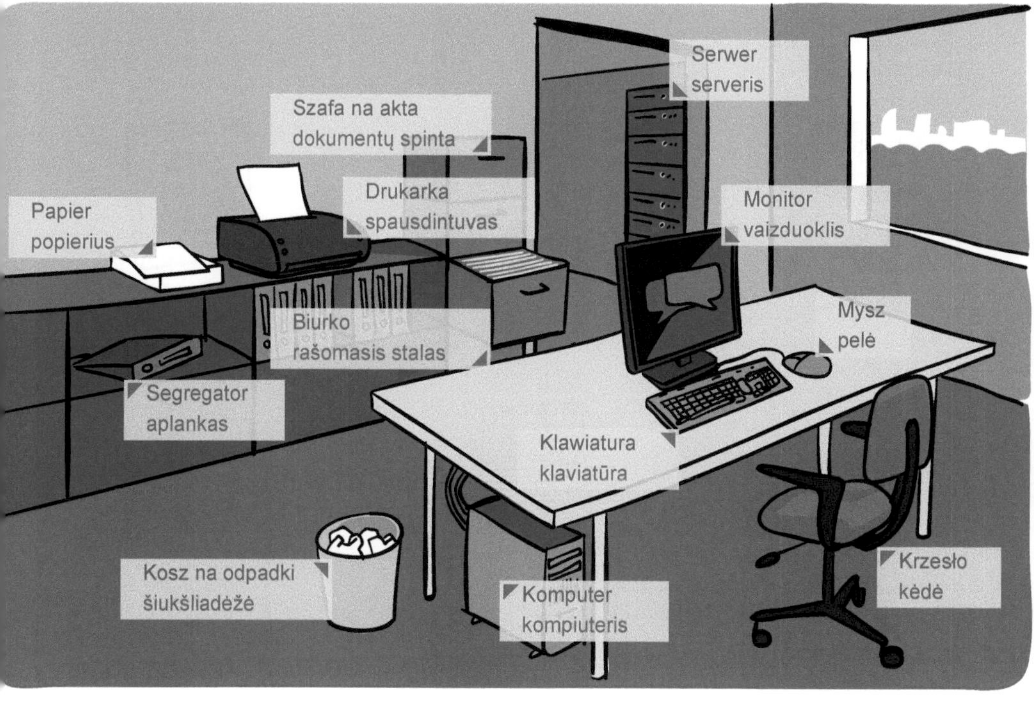

Serwer
serveris

Szafa na akta
dokumentų spinta

Drukarka
spausdintuvas

Monitor
vaizduoklis

Papier
popierius

Biurko
rašomasis stalas

Mysz
pelė

Segregator
aplankas

Klawiatura
klaviatūra

Kosz na odpadki
šiukšliadėžė

Krzesło
kėdė

Komputer
kompiuteris

Filiżanka do kawy

kavos puodelis

Kalkulator

kalkuliatorius

Internet

internetas

Laptop

nešiojamasis kompiuteris

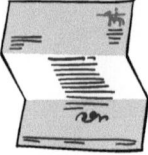

List

laiškas

Wiadomość

žinutė

Komórka

mobilusis telefonas

Sieć

tinklas

Kopiarka

fotokopijavimo aparatas

Oprogramowanie

programinė įranga

Telefon

telefonas

Gniazdko

kištukinis lizdas

Faks

faksas

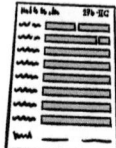

Formularz

forma

Dokument

dokumentas

kupić

pirkti

płacić

mokėti

postępować

prekiauti

Pieniądze

pinigai

Dolar

doleris

Euro

euras

Jen

jena

Rubel

rublis

Frank

Šveicarijos frankas

Juan Renminbi

juanis

Rupia

rupija

Bankomat

bankomatas

Kantor wymiany walut

valiutos keitykla

Złoto

auksas

Srebro

sidabras

Olej

nafta

Energia

energija

Cena

kaina

Umowa

sutartis

Podatek

mokestis

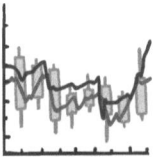

Akcja

akcijos

pracować

dirbti

Pracownik umysłowy

darbuotojas

Pracodawca

darbdavys

Fabryka

gamykla

Sklep

parduotuvė

# Zawody
## profesijos

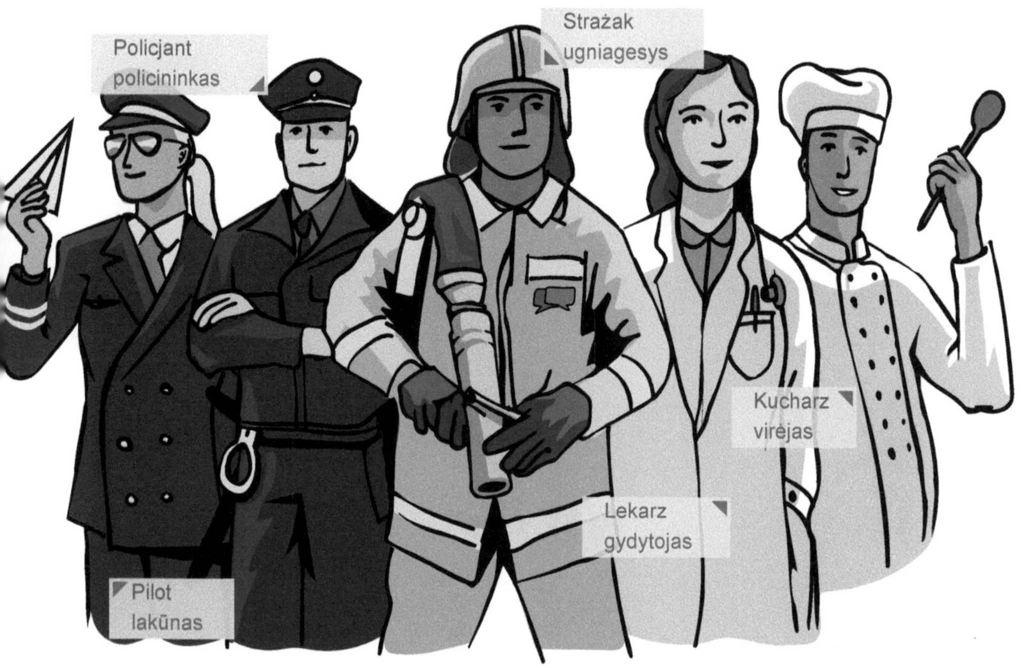
Policjant
policininkas
Strażak
ugniagesys
Kucharz
virėjas
Lekarz
gydytojas
Pilot
lakūnas

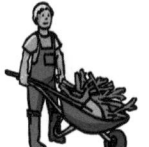

Ogrodnik
sodininkas

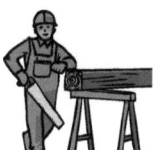

Stolarz
stalius

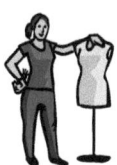

Krawcowa
siuvėja

Sędzia
teisėjas

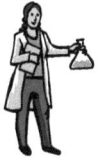

Chemik
chemikas

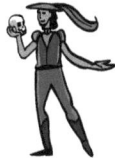

Aktor
aktorius

Kierowca autobusu

autobuso vairuotojas

Taksówkarz

taksi vairuotojas

Fischer

žvejys

Sprzątaczka

valytoja

Dekarz

stogdengys

Kelner

padavėjas

Myśliwy

medžiotojas

Malarz

dailininkas

Piekarz

kepėjas

Elektryk

elektrikas

Robotnik budowlany

statybininkas

Inżynier

inžinierius

Rzeźnik

mėsininkas

Instalator

santechnikas

Listonosz

paštininkas

Żołnierz

kareivis

Architekt

architektas

Kasjer

kasininkas

Florysta

gėlininkas

Fryzjer

kirpėjas

Konduktor

konduktorius

Mechanik

mechanikas

Kapitan

kapitonas

Dentysta

odontologas

Naukowiec

mokslininkas

Rabin

rabinas

Imam

imamas

Mnich

vienuolis

Proboszcz

kunigas

# Narzędzia
## įrankiai

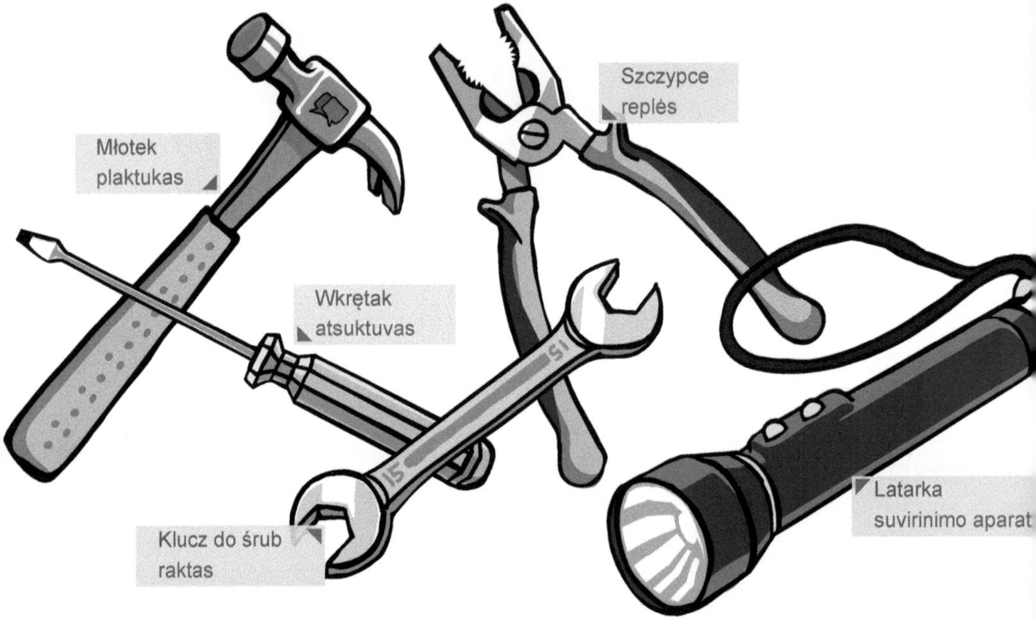

Szczypce
replės
Młotek
plaktukas
Wkrętak
atsuktuvas
Latarka
suvirinimo aparat
Klucz do śrub
raktas


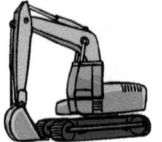

Koparka
ekskavatorius

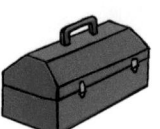

Skrzynka narzędziowa
įrankių dėžė

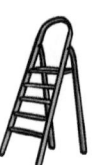

Drabina
kopėčios

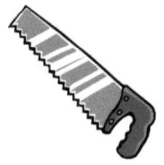

Piła
pjūklas

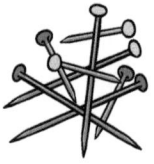

Gwoździe
vinys

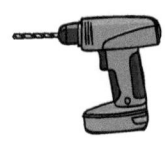

Wiertło
grąžtas

naprawić
..................
taisyti

Łopatka
..................
kastuvas

Cholera!
..................
Velniava!

Szufelka
..................
semtuvėlis

Puszka z farbą
..................
dažų skardinė

Śruby
..................
varžtai

## Instrumenty muzyczne
## muzikos instrumentai

Głośnik
garsiakalbis

Perkusja
būgnų rinkinys

Gitara
gitara

Kontrabas
kontrabosas

Trąbka
trimitas

Pianino

pianinas

Skrzypce

smuikas

Bas

bosinė gitara

Kotły

timpanas

Bęben

būgnai

Keyboard

sintezatorius

Saksofon

saksofonas

Flet

fleita

Mikrofon

mikrofonas

# Zoo
## zoologijos sodas

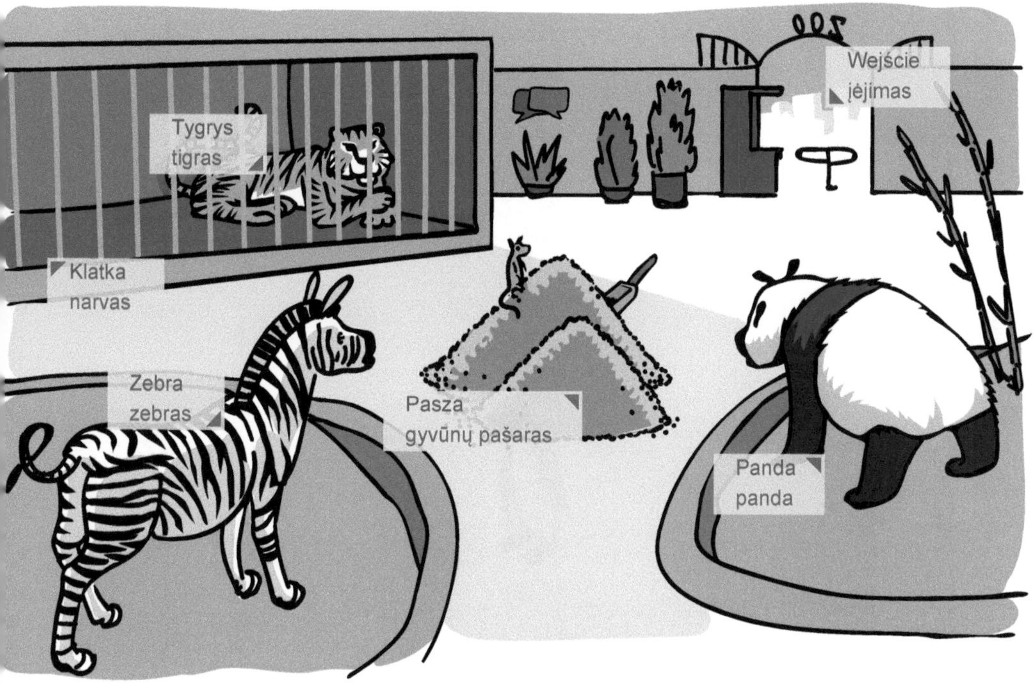
Tygrys
tigras
Wejście
įėjimas
Klatka
narvas
Zebra
zebras
Pasza
gyvūnų pašaras
Panda
panda

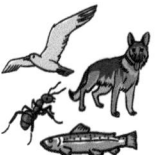

Zwierzęta

gyvūnai

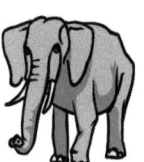

Słoń

dramblys

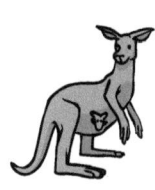

Kangur

kengūra

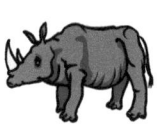

Nosorożec

raganosis

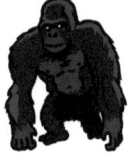

Goryl

gorila

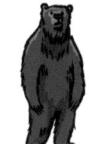

Niedźwiedź

meška

Wielbłąd

kupranugaris

Struś

strutis

Lew

liūtas

Małpa

beždžionė

Fleming

flamingas

Papuga

papūga

Niedźwiedź polarny

baltoji meška

Pingwin

pingvinas

Rekin

ryklys

Paw

povas

Wąż

gyvatė

Krokodyl

krokodilas

Dozorca w zoo

zoologijos sodo prižiūrėtojas

Foka

ruonis

Jaguar

jaguaras

Kucyk

ponis

Gepard

leopardas

Hipopotam

begemotas

Żyrafa

żirafa

Orzeł

erelis

Dzik

šernas

Ryba

žuvis

Żółw

vėžlys

Mors

vėplys

Lis

lapė

Gazela

gazelė

Futbol amerykański
amerikietiškas futbolas

Kolarstwo
dviračių sportas

Tenis
tenisas

Koszykówka
krepšinis

Pływanie
plaukimas

Boks
boksas

Hokej na lodzie
ledo ritulys

Piłka nożna
futbolas

Badminton
badmintonas

Lekka atletyka
atletika

Piłka ręczna
rankinis

Narciarstwo
slidinėjimas

Polo
polas

# Działania
## użsiėmimai

skakać
šokinėti
objąć
apkabinti
śmiać się
juoktis
iść
vaikščioti
śpiewać
dainuoti
marzyć
svajoti
modlić się
melstis
całować
bučiuoti


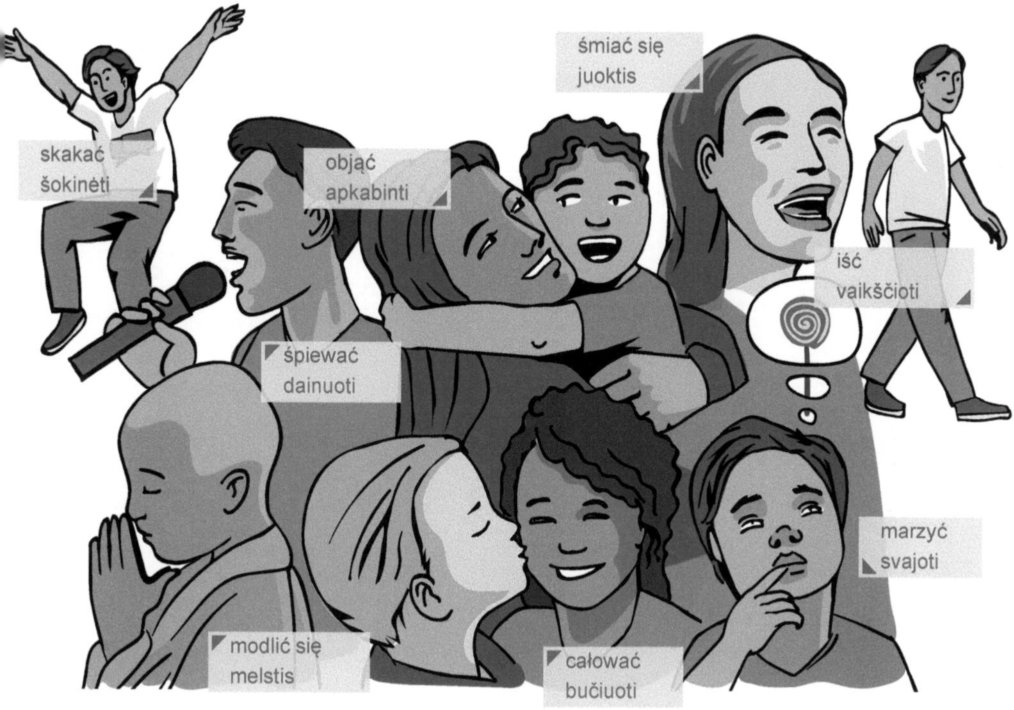

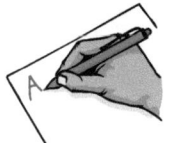

pisać

rašyti

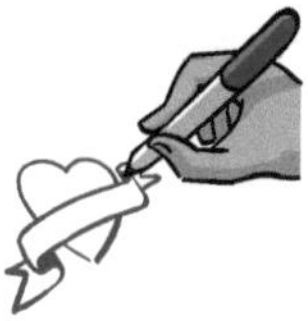

rysować

piešti

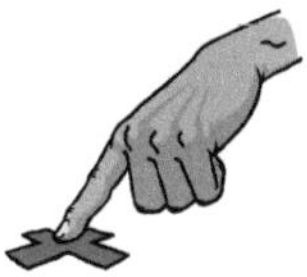

pokazywać

rodyti

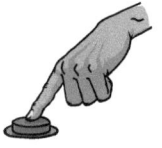

nacisnąć

stumti

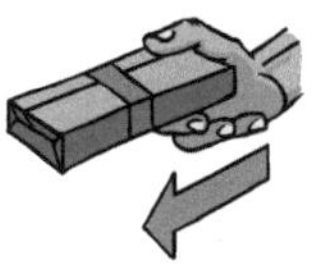

dać

duoti

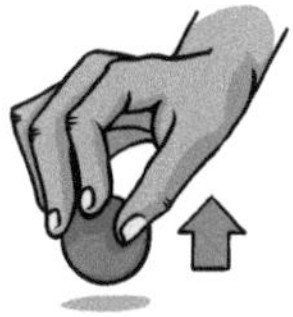

wziąć

imti

mieć

turėti

robić

daryti

być

būti

stać

stovėti

biegać

bėgti

ciągnąć

traukti

rzucać

mesti

spaść

kristi

leżeć

meluoti

czekać

laukti

nosić

neštl

siedzieć

sėdėti

zakładać

rengtis

spać

miegoti

budzić się

pabusti

spojrzeć

żiūrėti

płakać

verkti

głaskać

glostyti

czesać się

šukuoti

mówić

kalbėti

rozumieć

suprasti

pytać

paklausti

słyszeć

klausytis

pić

gerti

jeść

valgyti

sprzątać

tvarkytis

kochać

mylėti

gotować

gaminti

jechać

vairuoti

latać

skristi

żeglować

buriuoti

liczyć

skaičiuoti

czytać

skaityti

uczyć się

mokytis

pracować

dirbti

wejść w związek małżeński

vesti

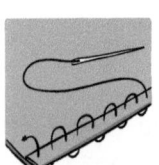

szyć

siūti

myć zęby

valytis dantis

zabić

žudyti

palić tytoń

rūkyti

wysłać

siųsti

# Rodzina
# šeima

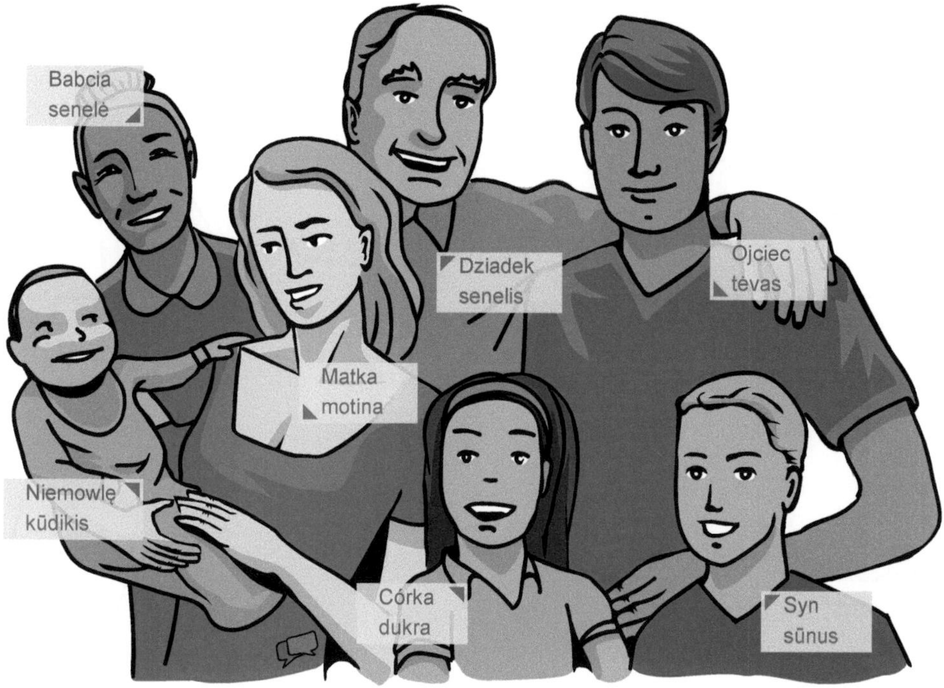
Babcia
senelė
Dziadek
senelis
Ojciec
tėvas
Matka
motina
Niemowlę
kūdikis
Córka
dukra
Syn
sūnus

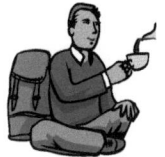

Gość

svečias

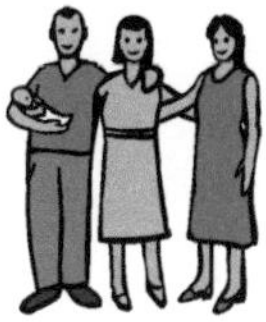

Ciotka

teta

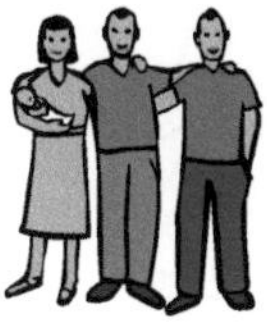

Wujek

dėdė

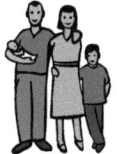

Brat

brolis

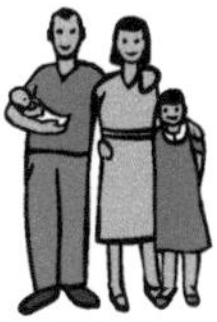

Siostra

sesuo

# Ciało

## kūnas

Czoło
kakta
Oko
akis
Ramię
petys
Palec
pirštas
Twarz
veidas
Broda
smakras
Ręka
plaštaka
Noga
koja
Pierś
krūtinė
Ramię
ranka


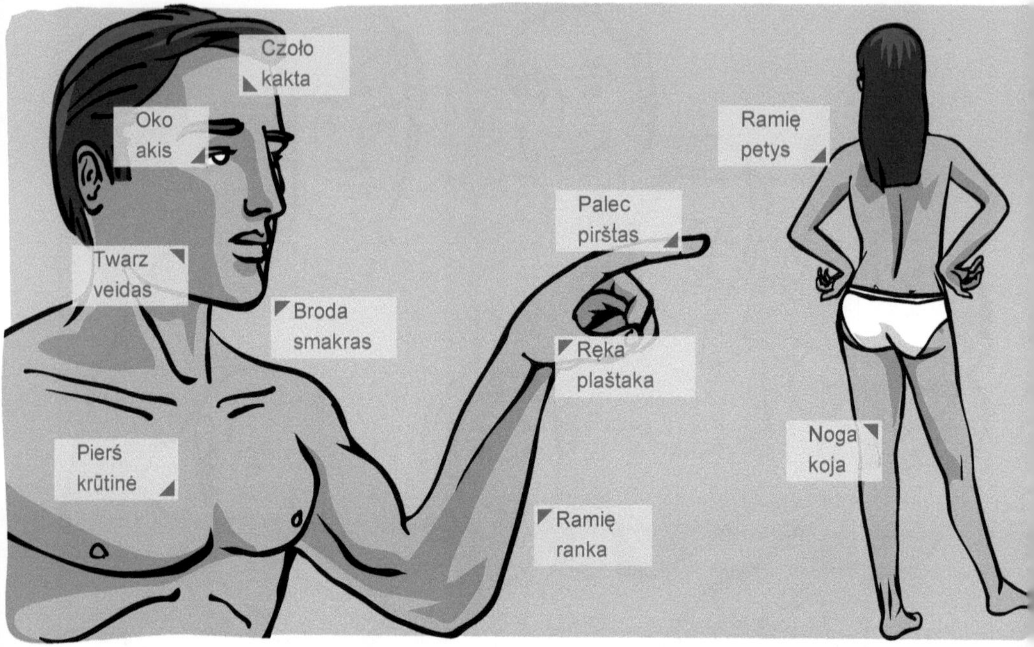

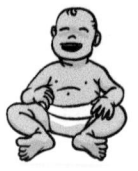

Niemowlę

kūdikis

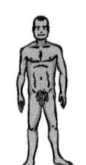

Mężczyzna

vyras

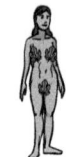

Kobieta

moteris

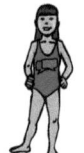

Dziewczyna

mergaitė

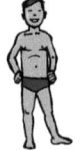

Chłopiec

berniukas

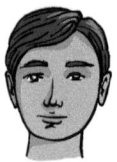

Głowa

galva

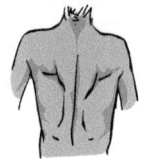

Plecy

nugara

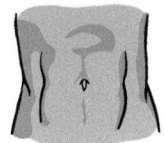

Brzuch

pilvas

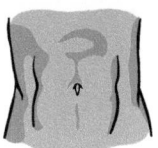

Pępek

bamba

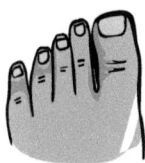

palec nogi

kojos pirštas

Pięta

kulnas

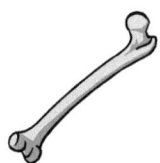

Kość

kaulas

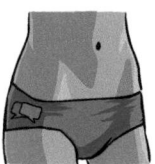

Biodro

klubas

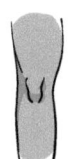

Kolano

kelis

Łokieć

alkūnė

Nos

nosis

Pośladki

sėdmenys

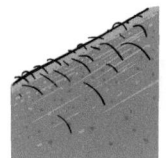

Skóra

oda

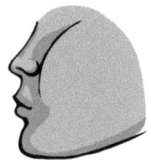

Policzek

skruostas

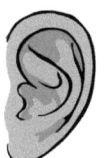

Uszy

ausis

Warga

lūpa

Usta

burna

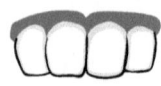

Ząb

dantis

Język

liežuvis

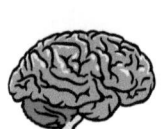

Mózg

smegenys

Serce

širdis

Mięsień

raumuo

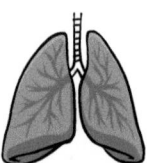

Płuca

plaučiai

Wątroba

kepenys

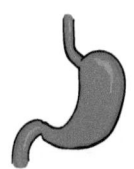

Żołądek

skrandis

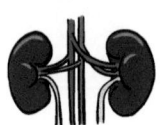

Nerki

inkstai

Stosunek płciowy

seksas

Kondom

prezervatyvas

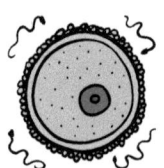

Komórka jajowa

kiaušialąstė

Sperma

sperma

Ciąża

nėštumas

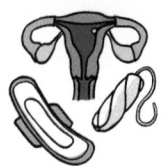

Menstruacja

menstruacijos

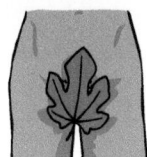

Wagina

makštis

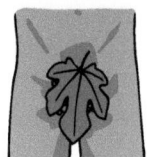

Penis

varpa

Brew

antakis

Włosy

plaukai

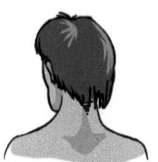

Szyja

kaklas

# Szpital
# ligoninė

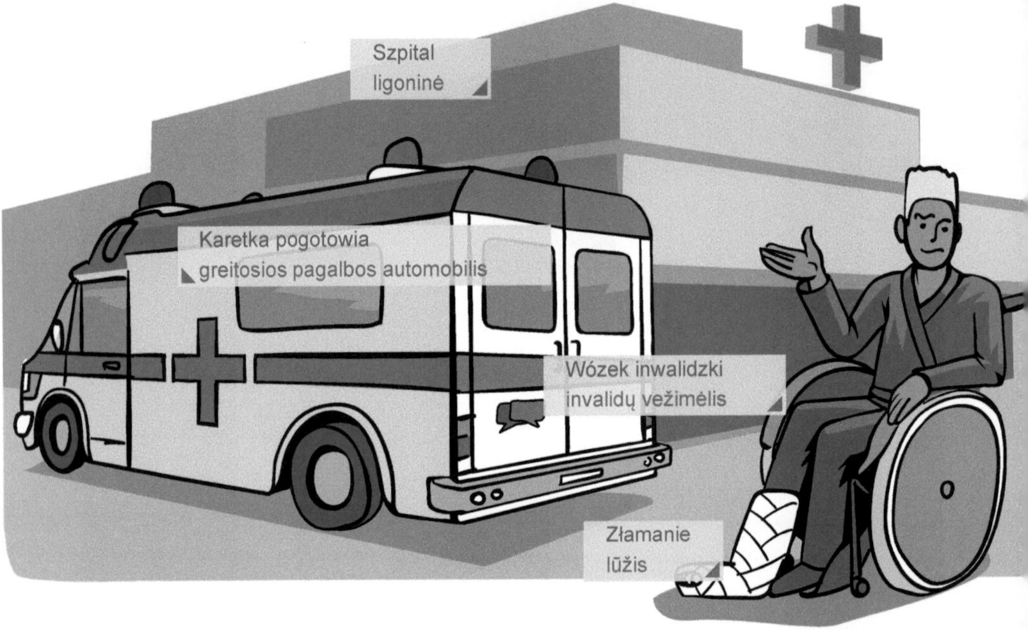

Szpital
ligoninė
Karetka pogotowia
greitosios pagalbos automobilis
Wózek inwalidzki
invalidų vežimėlis
Złamanie
lūžis

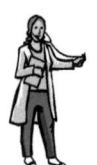

Lekarz

gydytojas

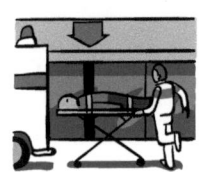

Izba przyjęć

skubios pagalbos skyrius

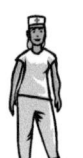

Pielęgniarka

slaugytoja

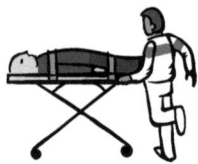

Nagły przypadek

nelaimingas atsitikimas

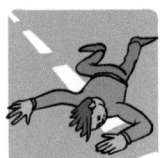

nieprzytomny

be sąmonės

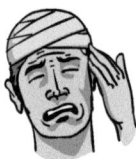

Ból

skausmas

Skaleczenie

sužalojimas

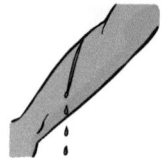

Krwawienie

kraujavimas

Zawał serca

širdies smūgis

Udar mózgu

insultas

Alergia

alergija

Kaszleć

kosulys

Gorączka

karščiavimas

Grypa

gripas

Biegunka

viduriavimas

Ból głowy

galvos skausmas

Rak

vėžys

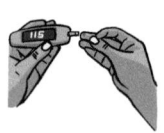

Cukrzyca

diabetas

Chirurg

chirurgas

Skalpel

skalpelis

Operacja

operacija

CT
KT

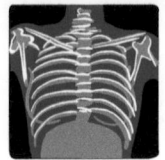

Rentgen
rentgenas

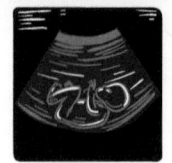

Ultradźwięki
ultragarsas

Maska
veido kaukė

Choroba
liga

Poczekalnia
laukiamasis

Kula
ramentas

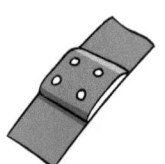

Plaster
gipsas

Opatrunek
tvarstis

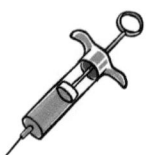

Iniekcja
injekcija

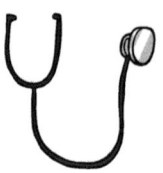

Stetoskop
stetoskopas

Nosze
neštuvai

Termometr
termometras

Poród
gimimas

Nadwaga
antsvoris

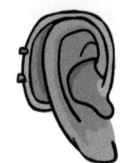

Aparat słuchowy

klausos aparatas

Środek dezynfekcyjny

dezinfekavimo priemonė

Infekcja

infekcija

Wirus

virusas

HIV / AIDS

ŽIV / AIDS

Medycyna

vaistas

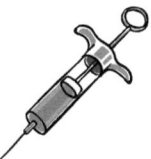

Szczepienie

skiepijimas

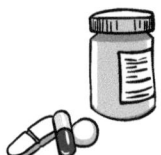

Tabletki

tabletės

Pigułka

piliulė

Telefon ratunkowy

skubios pagalbos numeris

Ciśnieniomierz krwi

kraujospūdžio matuoklis

chory / zdrowy

ligotas / sveikas

Pomocy!

Padėkite!

Alarm

pavojaus signalas

Napad

užpuolimas

Atak

ataka

Niebezpieczeństwo

pavojus

Wyjście awaryjne

avarinis išėjimas

Pożar!

Gaisras!

Gaśnica

gesintuvas

Wypadek

nelaimingas atsitikimas

Walizeczka pierwszej pomocy

pirmosios pagalbos rinkinys

SOS

SOS

Policja

policija

Europa

Europa

Ameryka Północna

Šiaurės Amerika

Ameryka Południowa

Pietų Amerika

Afryka

Afrika

Azja

Azija

Australia

Australija

Atlantyk

Atlanto vandenynas

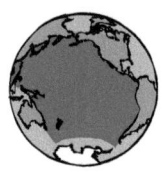

Pacyfik

Ramusis vandenynas

Ocean Indyjski

Indijos vandenynas

Ocean Antarktyczny

Pietų vandenynas

Ocean Arktyczny

Arkties vandenynas

Biegun północny

Šiaurės ašigalis

Biegun południowy

Pietų ašigalis

Antarktyda

Antarktida

Ziemia

Žemė

Kraj

sausuma

Morze

jūra

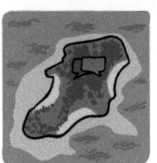

Wyspa

sala

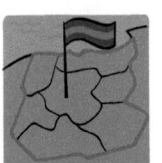

Naród

tauta

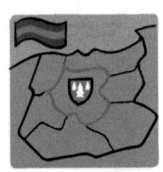

Państwo

valstybė

Cyferblat

ciferblatas

Wskazówka godzinowa

valandinė rodyklė

Wskazówka minutowa

minutinė rodyklė

Wskazówka sekundowa

sekundinė rodyklė

Która godzina?

Kiek valandų?

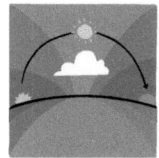

Dzień

diena

Czas

laikas

teraz

dabar

Zegarek digitalny

skaitmeninis laikrodis

Minuta

minutė

Godzina

valanda

# Tydzień
## savaitė

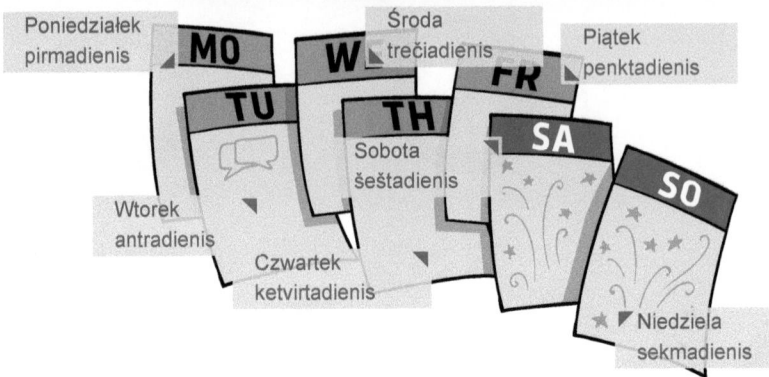

Poniedziałek
pirmadienis

**MO**

Środa
trečiadienis

**W**

Piątek
penktadienis

**FR**

**TU**

**TH**

Sobota
šeštadienis

**SA**

**SO**

Wtorek
antradienis

Czwartek
ketvirtadienis

Niedziela
sekmadienis

wczoraj
.................
vakar

dzisiaj
.................
šiandien

jutro
.................
rytoj

Rano
.................
rytas

Południe
.................
vidurdienis

Wieczór
.................
vakaras

Dni robocze
.................
darbo dienos

Weekend
.................
savaitgalis

# Rok
# metai

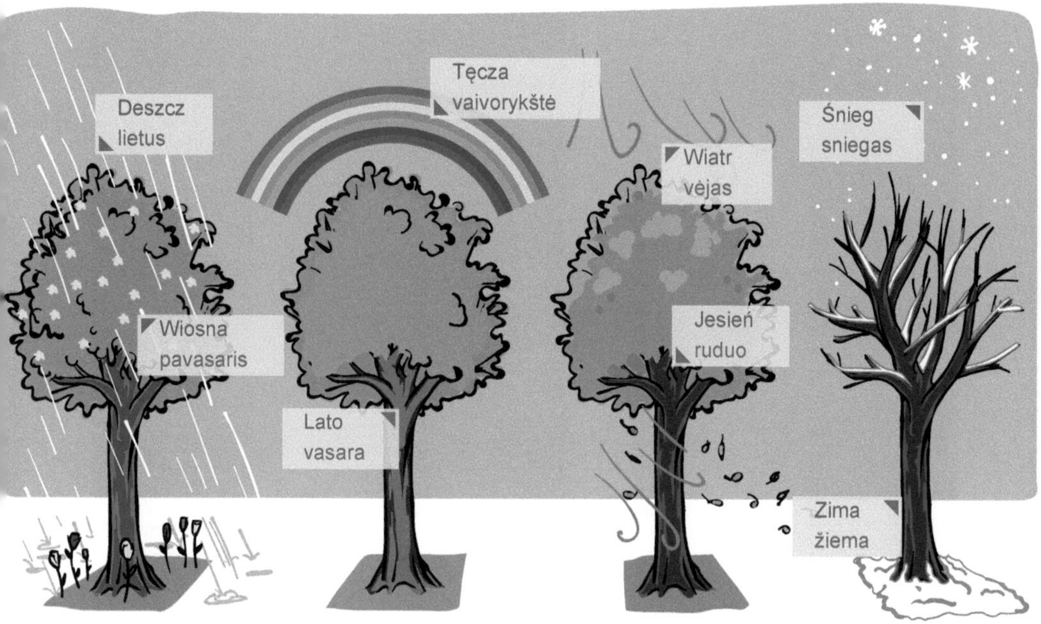

Deszcz
lietus
Tęcza
vaivorykštė
Wiatr
vėjas
Śnieg
sniegas
Wiosna
pavasaris
Lato
vasara
Jesień
ruduo
Zima
žiema


4.APRIL 11°
5.APRIL 4°
6.APRIL 13°
7.APRIL 8°
8.APRIL 10°


Prognoza pogody
orų prognozė

F C
120 40
90 30
60 20
30 10
0 0
-30 -10
-20


Termometr
lauko termometras

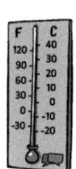

Światło słoneczne
saulės šviesa

Chmura
debesis

Mgła
rūkas

Wilgotność powietrza
drėgmė

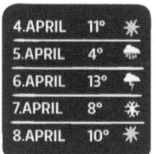

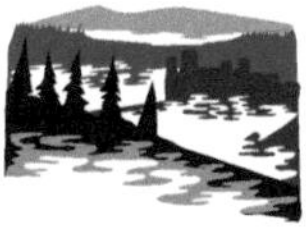

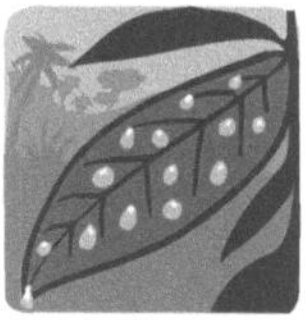

Błyskawica

žaibas

Grzmot

griaustinis

Sztorm

audra

Grad

kruša

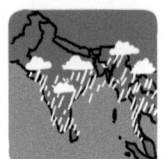

Monsun

musonas

Potop

potvynis

Lód

ledas

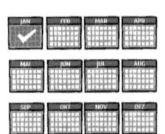

Styczeń

sausis

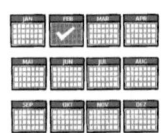

Luty

vasaris

Marzec

kovas

Kwiecień

balandis

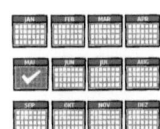

Maj

gegužė

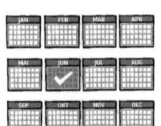

Czerwiec

birželis

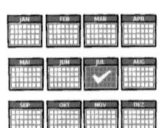

Lipiec

liepa

Sierpień

rugpjūtis

Wrzesień
................
rugsėjis

Październik
................
spalis

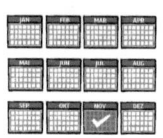

Listopad
................
lapkritis

Grudzień
................
gruodis

## Kształty
## formos

Koło
................
apskritimas

Kwadrat
................
kvadratas

Prostokąt
................
stačiakampis

Trójkąt
................
trikampis

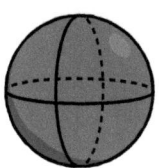

Kula
................
sfera

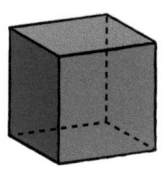

Sześcian
................
kubas

biały
.................
balta

żółty
.................
geltona

pomarańczowy
.................
oranžinė

różowy
.................
rožinė

czerwony
.................
raudona

liliowy
.................
violetinė

niebieski
.................
mėlyna

zielony
.................
žalia

brązowy
.................
ruda

szary
.................
pilka

czarny
.................
juoda

dużo / mało

daug / mažai

wściekły / spokojny

piktas / ramus

piękny / brzydki

gražus / bjaurus

początek / koniec

pradžia / pabaiga

duży / mały

didelis / mažas

jasny / ciemny

šviesus / tamsus

brat / siostra

brolis / sesuo

czysty / brudny

švarus / purvinas

kompletny / niekompletny

užbaigtas / neužbaigtas

dzień / noc

diena / naktis

umarły / żywy

miręs / gyvas

szeroki / wąski

platus / siauras

jadalny / niejadalny

valgomas / nevalgomas

zły / uprzejmy

piktas / malonus

podniecony / znudzony

linksmas / nuobodus

gruby / chudy

storas / plonas

najpierw / na końcu

pirmiausia / paskiausia

przyjaciel / wróg

draugas / priešas

pełen / pusty

pilnas / tuščias

twardy / miękki

kietas / minkštas

ciężki / lekki

sunkus / lengvas

głód / pragnienie

alkis / troškulys

chory / zdrowy

ligotas / sveikas

nielegalny / legalny

nelegalus / legalus

inteligentny / głupi

protingas / kvailas

lewo / prawo

kairė / dešinė

bliski / daleki

arti / toli

nowy / używany

naujas / naudotas

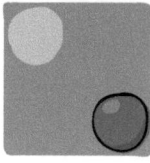

nic / coś

niekas / kažkas

stary / młody

senas / jaunas

włącz / wyłącz

ijungta / išjungta

otwarty / zamknięty

atidaryta / uždaryta

cichy / głośny

tylus / garsus

bogaty / biedny

turtingas / vargšas

prawidłowy / błędny

teisus / neteisus

chropowaty / gładki

šiurkštus / švelnus

smutny / szczęśliwy

liūdnas / laimingas

krótki / długi

trumpas / ilgas

powolny / szybki

lėtas / greitas

mokry/suchy

drėgnas / sausas

ciepły / chłodny

šiltas / šaltas

wojna / pokój

karas / taika

# Liczby

## skaičiai

**0**

zero

nulis

**1**

jeden

vienas

**2**

dwa

du

**3**

trzy

trys

**4**

cztery

keturi

**5**

pięć

penki

**6**

sześć

šeši

**7**

siedem

septyni

**8**

osiem

aštuoni

**9**

dziewięć

devyni

**10**

dziesięć

dešimt

**11**

jedenaście

vienuolika

**12**

dwanaście
dvylika

**13**

trzynaście
trylika

**14**

czternaście
keturiolika

**15**

piętnaście
penkiolika

**16**

szesnaście
šešiolika

**17**

siedemnaście
septyniolika

**18**

osiemnaście
aštuoniolika

**19**

dziewiętnaście
devyniolika

**20**

dwadzieścia
dvidešimt

**100**

sto
šimtas

**1.000**

tysiąc
tūkstantis

**1.000.000**

milion
milijonas

Angielski

anglų

Angielski amerykański

amerikiečių anglų

Chiński mandaryński

kinų (mandarinų)

Hindi

hindi

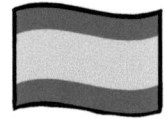

Hiszpański

ispanų

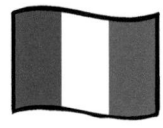

Francuski

prancūzų

Arabski

arabų

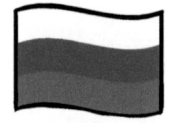

Rosyjski

rusų

Portugalski

portugalų

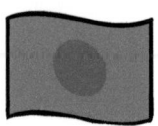

Bengalski

bengalų

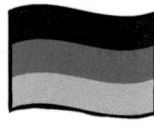

Niemiecki

vokiečių

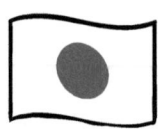

Japoński

japonų

ja

aš

ty

tu

on / ona / ono

jis / ji

my

mes

wy

jūs

oni

jie

kto?

kas?

co?

ką?

jak?

kaip?

gdzie?

kur?

kiedy?

kada?

Nazwisko

vardas

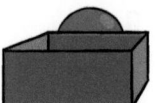

za

už

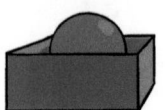

w

kur (vieta)

przed

priešais

powyżej

virš

na

ant

pod

po

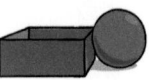

obok

prie

między

tarp

Miejsce

vieta